孙 楚 编著

互联网企业价值网络与产品创新

Value Network and Product Innovation of Internet Enterprise

化学工业出版社

·北京·

内容简介

《互联网企业价值网络与产品创新》以价值网络为切入点，以互联网企业为对象，运用多种科学研究方法，对复杂环境中企业产品创新的动态过程和作用机制进行探讨，主要内容包括：价值网络、产品创新、价值网络与产品创新、互联网企业产品创新绩效评估、互联网企业产品创新机制与案例分析、互联网企业产品创新对策。

本书适合高校教师、在校研究生和研究机构人员以及企业管理者和互联网从业者阅读使用。

图书在版编目（CIP）数据

互联网企业价值网络与产品创新/孙楚编著. —北京：化学工业出版社，2023.8

ISBN 978-7-122-43414-2

Ⅰ.①互… Ⅱ.①孙… Ⅲ.①网络公司-运营管理-研究-中国 Ⅳ.①F279.244.4

中国国家版本馆CIP数据核字（2023）第079531号

责任编辑：刘丽菲　赵玉清　　文字编辑：蔡晓雅
责任校对：刘曦阳　　装帧设计：张　辉

出版发行：化学工业出版社（北京市东城区青年湖南街13号　邮政编码100011）
印　　装：涿州市般润文化传播有限公司
710mm×1000mm　1/16　印张11　字数158千字　2023年11月北京第1版第1次印刷

购书咨询：010-64518888　　售后服务：010-64518899
网　　址：http://www.cip.com.cn
凡购买本书，如有缺损质量问题，本社销售中心负责调换。

定　　价：79.80元

前言

产品创新是互联网企业应对环境变化、提升企业竞争力的重要手段，学术界对于产品创新也进行了长期的研究。平台经济这种新模式的出现和快速发展，给我国传统经济市场带来了生机和活力，互联网企业作为具有创新性、开放性特点的平台经济主体也逐渐进入学者的视线。由于大数据、云计算等技术的快速发展和互联网行业的特殊性，企业自身的能力和资源无法满足消费者碎片化、多样化的需求，因此企业主体与利益相关者间形成价值网络，通过知识共享和资源整合实现协作共生，建立创新生态系统，实现共同发展，成为互联网企业提升企业竞争力的必然选择。因此，本书在对背景深入分析的基础上，选取互联网企业作为研究对象，探求互联网企业的产品创新机制，剖析价值网络要素对产品创新的影响机制，探索价值网络视角下的产品创新评估方法。具体来说，本书主要对以下问题进行深入探讨：

（1）互联网企业是如何进行产品创新的？

创新活动的多元性和价值网络的出现提升了互联网企业产品创新活动的难度和复杂性，对企业产品创新的思维、模式和行为产生潜移默化的影响。在环境变化的冲击下，互联网企业这种平台经济主体不能固守传统的产品创新方式，尽快适应处于价值网络中的生存状态并积极寻求适合自身发展的产品创新模式是企业实现竞争力提升的必经之路，互联网企业产品创新过程的研究也因此成为有现实性意义的命题。因此，本书以互联网企业为研究对象，尝试从价值网络视角对产品创新过程的机制、要素、路径进行深入分析，以实现提升我国互联网企业竞争力的最终目标。

（2）价值网络嵌入是如何影响产品创新的？

在经济全球一体化背景下，价值网络在平台型经济模式中起到至关重要的作用，价值网络实现是互联网企业产品创新的重要手段，网络嵌入又是价值网络实现的重要内容。在由核心利益相关者构成的价值网络中，网络嵌入对互联网企业产品创新活动产生什么样的影响？网络嵌入通过什么路径对产品创新产生影响？网络嵌入对互联网企业产品创新的影响又受到什么因素的干扰？这些问题对于提高互联网企业产品创新能力具有重要意义。因此，本书基于资源基础理论、社会网络理论等相关理论，重点探讨网络结构嵌入、关系嵌入和认知嵌入对互联网企业产品创新的影响机制，将共生和知识吸收能力引入模型，以达到拓展理论边界的目的，为互联网企业产品创新活动提供理论支撑。

（3）互联网企业产品创新的关键因素有哪些？企业主体如何对自身的产品创新实践进行评估？

早期的产品创新研究聚焦于企业内部，然而随着经济模式的改变和创新开放性的实现，产品创新活动从组织内部向价值网络主体间协作转变，产品创新要素也发生了变化，价值网络主体数量的增多和彼此间关系复杂性程度的提高对互联网企业主体实现产品创新提出了新的要求。在这种情况下，企业只有挖掘出产品创新的关键要素，了解产品创新的整体框架结构，才能制定合适的产品创新政策，并找到与价值网络中主体合作的重点，提高产品创新效率。此外，产品创新关键要素的挖掘如何对互联网企业产生现实性的指导意义，企业主体如何衡量产品创新更是亟待解决的问题。因此，本书首先在对产品创新要素相关文献进行梳理和归纳的基础上，对关键要素进行总结，构建产品创新影响因素指标体系。然后采用DEMATEL、ANP方法对因素间关系进行分析并获得权重。最后运用PROMETHEE方法构建评估模型，实施企业产品创新实践评估，使本研究具有落地性和现实性的指导意义。

对价值网络视角下互联网企业产品创新问题进行研究在理论意义和实践意义方面都具有较高价值。本书的理论意义主要在三方面得到体现：

第一，价值网络为知识共享、资源整合提供了平台和渠道，有利于网络中各主体协作共生，共同谋求发展，同时也为产品创新研究提供新的视角。本书结合共生理论和知识吸收能力理论，对互联网企业产品创新问题进行深入剖析，从产品创新要素、创新过程和创新主体进行多路径分析，揭示产品创新不同阶段的主要因素和特征，深入分析产品创新过程中价值网络演变机制，构建了产品创新动态演化模型，使互联网企业产品创新动态过程等相关理论得到丰富。

第二，本书将价值共创和价值网络思想融入互联网企业产品创新的研究过程，构建了网络嵌入-共生-产品创新理论模型，引入共生作为中介变量，深入探索网络嵌入对互联网企业产品创新的影响机制，并进一步探讨了知识吸收能力在网络嵌入影响产品创新过程中的调节作用，使价值网络和产品创新的研究视角得到拓展。

第三，本书从价值网络视角，以共生理论、知识吸收能力理论、价值共创理论为基础，建立了互联网企业产品创新影响因素指标体系，构建了适用于产品创新实践的评估模型。将DEMATEL、ANP法与混合MCDM多准则决策中的PROMETHEE法相结合，揭示不同要素间相互关系并得出相应的指标权重，通过计算偏好函数和流出、流入量对互联网企业产品创新进行评估，为互联网企业有针对性地提高产品创新能力提供了理论支撑。

此外，本书的实践意义主要体现在：

第一，本书丰富了价值网络视角下互联网企业产品创新的理论基础，有助于互联网企业管理者深化对产品创新的理解，加强对协同共生、知识吸收和内化能力提升的重视。在企业面临着互联网生态转型的背景下，互联网企业应转变传统经营理念，通过提高结构嵌入、关系嵌入和认知嵌入来全面提高互联网企业网络参与能力。企业应制定与合作伙伴协同共生的发展战略，增加共生主体数量，促进共生媒介拓展，更好地整合和利用共生能量，加强合作伙伴间的互动和知识传递，实现与非传统领域企业的跨界合作。同时应积极提高组织内部的知识吸收能力，优化组织管理方式，强化组织将技术方面的构想付诸实践的能力，以高效推进产品更新换代。

第二，本书为互联网企业产品创新评估提供了具有可操作性的实施方案，实现产品创新效果量化和可视化。价值网络视角下的产品创新要素是互相影响、相互制约的，它们的相互作用共同推动了互联网企业产品创新活动的实现。本书的研究结果有效地帮助互联网企业厘清产品创新要素间的复杂关系，认清自身的优劣势，量化产品创新成果，以弥补自身产品在更新换代过程中在要素方面存在的短板，有助于组织主体在发展过程中扬长避短，使资源得到有效利用，提高产品创新效率和企业竞争力。

由于作者自身能力有限，书中不妥之处在所难免，恳请读者批评指正。

编著者

2023年1月

目 录

第一章

绪论

一、互联网企业产品创新迫在眉睫

我国互联网企业群体不断壮大，在企业生命周期不断更迭的过程中，创新成为企业持续发展的不竭动力。随着科学技术的进步，知识在世界范围内流动速度加快，在平台经济下，消费者对互联网企业服务所提出的要求不断升级，其需求呈现碎片化、多样化的趋势。与此同时，我国提出的“一带一路”倡议，积极欢迎世界各国企业和创业者在中国投资兴业。在这种高开放性的市场环境中，我国互联网企业面临着更大的竞争压力。在这种情况下，创新成为各企业主体应对环境变化、化解压力的必由之路，互联网企业只有不断地对企业进行变革和改进，整合企业内外部资源，提升资源配置效率，才能提升企业竞争力。

二、产品创新是企业保持竞争力的重要手段

自管理学大师彼得·F·德鲁克提出企业竞争的最重要环节逐渐向商业模式创新改变理论后，企业变革的着力点纷纷转向商业模式创新，而忽视了其他重要条件的创新行为。对于互联网行业来说，具有创意的产品是互

联网企业吸引用户、获取竞争力的核心条件，互联网行业的特殊性使得核心企业与潜在进入者在客户规模、市场占有量、技术水平等方面都存在巨大差距。同时，新技术和新发展模式的出现也使核心企业时刻面临挑战，随时可能被后起之秀赶超。因此，运用新技术不断推出新产品，以满足消费者需求、吸引用户注意力是互联网企业适应不断变化的环境和保持竞争力的重要手段。

与传统经济不同，在平台经济时代，用户在整个价值网络中处于核心位置，为吸引更多用户并增强用户黏性，互联网龙头企业们摒弃了以往的“批量式生产”思维，致力于打造“超级产品”，将产品或服务打上行业领先的、具有市场冲击力的企业标签。通过提升用户感知、树立用户口碑，提供具有极致用户体验的战略性产品或服务创新是互联网企业适应环境变化和保持企业竞争力的重要手段。

三、创新生态系统发展趋势逐步显现

在组织管理研究中，创新生态系统指以焦点企业或平台为核心形成的关联性组织系统，该系统会经历由简单到复杂、由稚嫩到成熟的发育过程，并在不同发展过程中表现出不同的特征。创新生态系统的运行机制是内部各种相互联系的异质性主体之间和多条价值链不断与环境进行动态作用，从而形成价值网络。各生态主体在价值网络中不断调整嵌入强度和动态耦合状态，调整战略与环境相匹配，达到提高创新和盈利能力的目的。在互联网企业生态系统迭代过程中，企业主体历经数据沉淀、结构洞位置集成，在开放式交互作用中进行裂变提升与动态演化，不断提升自身的竞争力和用户、市场占有率。互联网企业生态系统的存在要求企业在平台发展的基础上进行数据整合，高效利用知识的流动性，协调生态系统主体间关系并实现需求匹配，通过数据化、协同化、智能化手段持续获取集群生态优势。从市场参与者来看，在平台经济下，市场开放性逐渐增强，在企业运营过程中参与主体数量逐渐增多，主体间的联系更加紧密，消费者角色由接受产品的客体向产品产生过程中的参与者转变。价值网络为互联网企业异质性、非冗余资源的获得和经营管理活动提供了有效的渠道，如何发挥价值网络的结构作用和关系作用，提高主体间协同合作效率，整合企业内部资源和优势，以提升互联网企业竞争力成为管理者面临的重要挑战。

四、互联网企业产品创新理论视角不断更新

（1）价值网络理论与共生理论的融合视角

产品创新是遵循某种逻辑原则进行的，是对企业创新实践与运营绩效有很大影响的企业活动。现如今，学术界对于产品创新的研究视角逐渐从“what”“why”向“how”转变，企业主体通过产品创新手段来提高创新绩效。遵循着服务主导逻辑的价值共创理论能够很好地解释顾企互动情况下的企业创新行为，瓦戈和拉迟最早提出“服务主导逻辑”，替代传统的“产品主导逻辑”成为价值共创理论的主流，强调价值是由价值网络中的相关人员共同创造的。这一观点提供了新的角度对资源、互动、价值创造等进行深入挖掘。价值共创理论认为互动是价值共创的重要条件，价值共创的本质是企业与消费者通过互动共同创造消费者体验价值。

随着商业生态系统理论的发展，从企业主体与内外部合作者的协同互动角度对企业产品创新的研究受到了诸多学者的关注。研究表明，组织价值网络中成员所拥有的资源会影响组织的创新行为，价值网络中任何企业或主体都与外界存在一定的互动与社会关系。研究表明价值网络影响企业创新活动的关键在于企业与网络中其他主体间协同共生的程度。根据资源观理论，社会网络已打破原有的存在形式，成为推动企业发展的重要资源，网络主体间的协同共生有利于促进异质性、非冗余性资源的整合与流动，从而与其他因素共同影响企业产品创新。组织内横向和纵向的知识和技术整合是协同共生产生的根源，要素间的价值网络会影响主体间的互动效应。新视角下的产品创新本质在于价值网络中的各主体基于某种共同目标而建立具有动态性、互补性、稳定性的协同共生关系。由此可见，共生理论的概念良好地衔接了价值网络理论和产品创新理论，作为产品创新和价值网络融合的新视角，共生

理论为这些组织新现象的解释与分析提供了理论基础。

（2）组织创新研究的知识管理理论分析视角

21世纪知识经济迅速崛起，企业间的竞争逐渐转向以资源和能力为核心的软实力的较量，在这种情况下，企业如何高效利用内外部环境中的资源成为企业管理者关注的焦点。知识是一种新兴的、动态的资源，良好地利用和管理知识能够有效地促进互联网企业的发展并提高其竞争力。知识管理是基于内部视角有效地管理其知识资源，其过程是一个组织学习的过程，包括知识在组织内的分配、传播与内化以获得知识运用的效率。以往对知识管理的研究往往聚焦于创新过程的某一环节，针对某一局部过程展开讨论，如知识管理与知识转移、知识管理与开放式创新、知识管理与企业创新绩效等，而企业的管理实践表明，在企业知识获取、知识转移、知识沉淀和知识服务创新能力建设过程中的动态能力对企业的知识管理效率产生重要影响。在此过程中，企业相关人员通过对所获取的知识信息进行分类、总结、标引，使之成为企业内部可随时取用的资源信息，这个环节被称为知识沉淀环节，是知识管理中最值得深入探讨的部分，也是知识吸收能力发挥作用的部分。

尽管学者们广泛认同知识吸收能力是影响企业创新绩效的重要因素，但针对二者之间的影响关系却存在着知识基础观和知识权变观两种不同观点。基于知识基础观视角的研究认为知识作为企业的重要资源，是企业发展、提升竞争力的关键，增强企业内部的知识吸收能力有利于促进企业知识的获取与转化，可以有效地增强企业的知识基础，从而进一步提高企业创新能力。基于知识权变观视角的研究认为，企业的知识吸收能力受内外部环境因素影响，导致知识吸收能力对企业创新绩效产生增强和削弱两种效果，并不单纯是正向影响。知识基础观肯定了知识吸收能力和知识管理对企业创新效果会产生影响，但忽略了其他影响因素的干扰作用，知识权变观虽然考虑到了情境因素的影响，但对因素分析和影响情况掌握不全面。由此可见，目前尚缺少将知识吸收能力作为调节因素对企业产品创新影响的研究。利希滕塔勒等学者提出，知识吸收能力的核心内容是企业首先吸收系统外部有价值的新知识内容，通过转化运用，使之成为企业内部知识体系中的一部分。科恩、扎赫拉等认为，企业提高其知识吸收能力于外在来讲有利于企业的知识获取，于内在来讲能有效加强企业内部的知识基础，从而对企业的创新活动产生积极作用。

第二章 价值网络

一、价值网络的概念

价值网络的概念最早可追溯至勃兰登堡和纳尔波夫于1996年的合著《竞合战略》，两位学者在该书中率先提出了价值网络是由企业、顾客、竞争者、供应商和互补商组成的五要素模型。斯莱沃斯基等在《发现利润区》一书中进一步指出价值网络的本质是为实现客户价值最大化而重构价值链。随着研究的不断拓展和深化，学者从顾客价值创造、网络组织形态、利益相关者、多重经济关系和群体创新性等多个视角对价值网络的概念进行了更加丰富的理论阐释，从不同侧面揭示了价值网络的内在特征。一是价值网络具有顾客驱动性，是以顾客价值为核心的价值创造体系。二是价值网络是一种网络组织，这种网络组织不同于传统组织的层级结构，它是通过任务专门化或技能专门化的联合体方式嵌入共享价值系统，并且这种组织还具有自组织性特征，即具有自我成长和自我优化的调节机制，同时还强调网络成员核心能力对于网络组织的重要性。三是价值网络是利益相关者之间在价值创造与利益分配方面的关系与结构，强调了利益相关者对价值网络形成及重构的重要性。四是价值网络具有多重经济关系特征，是企业与顾客、合作伙伴和竞争对手等构建的具有多重经济关系特征的网络体系，价值网络成员需求呈现双向甚至多向的显著特征。五是价值网络作为一种创新性业务模式，将顾客的复杂动态需求与组织柔性、低成本生产及外部合作伙伴有机连接，有效提升了组织运营效率和交易成本经济性，从而具有“价值共创”的群体性创新优势。

价值网络的概念经历了由价值链到价值网络的复杂转变。迈克尔·波特在讨论企业竞争优势时，提出了价值链的概念。价值链可以作为一种工具用来分析个体企业中生产作业、市场销售、采购、技术开发、人力资源管理等一系列围绕价值创造而展开的活动。价值链的概念存在两点不足：一是，它假设生产和分配主要是企业的内部事件；二是，它鼓励管理层关注控制，而没有将重点放在创新上。在经济全球化、信息技术飞速发展的背景下，市场中客户的需求也呈现出愈加多样的发展态势，传统的基于价值链的价值创造已经无法快速并完全地满足客户需求。诺曼和拉米雷斯将一群共同创造价值的经济主体的集合称为价值星群，并建议组织应该战略性地重新配置他们的价值星群，随后，价值星群的概念得到了拓展。克里斯滕森强调了价值网络对于成熟企业的潜在重要性，认为价值网络对于企业整合必要资源来克服创新中的技术和组织障碍具有深远影响，企业可以通过价值网络层面的协作安排而提供新的、高质量的服务这一观念开始受到重视。因此，价值网络理论慢慢在实践中发展起来。

总的来说，价值网络以产业链为载体，是产业链从价值链到价值网络演化的高级形态。产业链是产业经济学中的一个概念，所谓产业链，是围绕某种特定产品的生产经营，并依据特定的逻辑关系在主体链、商品链、价值链、空间链四个维度的经济技术联系所形成的产业形态。产业链是产业内部上下游之间呈现的链条式关联的状态。其中，主体链描述的是产业链内部企业与企业之间的相互作用、相互影响的关系；商品链描述的是产业内部上下游企业之间的交换关系；价值链描述的是产业内部关联企业的价值创造与价值的传递；空间链描述的是产业内部企业之间的时空分布。产业链的本质是产业内部相关企业共同构建的产业组织形式。产业链形成的动因在于企业间分工与专业化有利于效率的提升，进而产业链发展的程度取决于产业链内部分工与专业化的效率以及企业间协同的效率。

产业链价值网络的核心观点，就是实现从产业链内部企业价值创造向产业链整体价值创造的转变。随着价值网络概念的提出，国内外学者也对价值网络进行了深入探讨。胡大立认为，价值网络的本质是在专业化分工的基础上，在相应的治理框架下，处于产业链上不同节点的相关主体联结而成的价值创造组织系统。佐特认为价值网络是以用户价值为中心，通过实现成员企业核心资源和能力的优势互补，共同创造和传递价值的价值体系。袁青燕认为价值网络是成员企业以顾客价值为核心，基于团体内部的合作机制和构建的价值创造模式，对产业链解构、整合和重构所形成的一种新的价值创造体系。李维认为价值网络是将产业链中的相关企业联合起来，优势互补，专业化分工的价值创造体系。赵卫军、朱玉胜认为，价值网络的实质是一个由核心企业主导的相关主体共同参与的价值创造与价值分配系统。

综合上述观点，本书认为，价值网络是指以产业链商业模式创新为出发点，以核心企业为主导，将处于产业链不同节点各主体置于同一框架内，按照整体价值最优的原则，在分工协作基础上协同共生、有机衔接，形成的优势互补、系统集成、共同创造和分享价值的相对稳固的主体集群结构。价值网络包含以下几个层面的含义：

① 价值网络的形成是商业模式创新的结果。商业模式作为利益相关者的特定交易结构，不是一成不变的，商业模式创新，就是利益相关者对交易结构的重构。商业模式创新不属于技术创新，其调整和改变的是利益相关者的生产关系，属于制度创新的范畴。作为制度创新的商业模式创新，其存在的前提是能够带来效率的提升，且成为利益相关者内在的现实需求。价值网络的形成是商业模式创新的结果，是价值网络利益相关者为应对市场环境和竞争格局，适应新的产业形态，改变传统的一体化生产方式，将业务组合和组织资源进行拆分、整合，剥离非核心业务，聚焦核心业务，将自身打造成基于核心竞争力的价值模块，并作为一个特定的环节参与价值网络分工，以“归核化”战略替代纵向一体化战略，进而建立的新型主体关系与交易结构。

② 价值网络强调的是整体价值实现基础上的个体价值实现。价值网络将处于产业链不同节点的各参与主体置于同一框架内，实现各参与主体从关注个体价值向重视整体价值转变，其出发点在于聚合价值网络各参与主体产生

的规模经济效益、范围经济效益、系统集成效应等网络经济的共生效应，提升价值网络的市场竞争力，并以价值网络的形式直接面对市场，参与市场竞争，更多地将市场的外部利益内部化，将蛋糕做大。在此基础上，实现价值网络参与主体利益的增进，即各主体参与价值网络实现的利益大于不参与价值网络实现的利益。

③ 价值网络的实现路径是新型主体关系的构建。与作为独立的市场主体面对和参与市场竞争相比较，价值网络内部各参与主体间建立了一种新型的主体关系。具体表现在：一是在不改变分工与专业化基本格局的前提下，合理地确定价值网络节点的数量与结构，既要充分体现分工与专业化带来的效率提升，又要避免分工与专业化过细带来的交易费用的增加，同时，在价值网络各节点上，参与主体依据节点定位与各自的既有优势，忽略短板，延长长板，弥补劣势，发挥优势，在紧密的相互联系中实现系统集成，使分工与专业化更有序，更高效；二是价值网络内部各主体之间，无论是横向关联还是纵向关联，将以往的竞争关系更多地转化为合作关系，寻求竞争与合作关系的理性均衡，即建立起新型的竞合关系。

④ 价值网络的形成是价值网络主体理性选择的结果。价值网络的建立，实质上是对传统的产业链进行整合的过程，并通过产业链的整合，实现整体利益的最大化和价值增值的共享。价值网络的建立属于市场行为，不可能也不应该通过行政的力量实现，价值网络主体是否参与价值网络，是每一个价值网络主体的理性选择，其理性选择又在很大程度上取决于对价值网络的预期，这客观要求价值网络不仅是合理的客观存在，而且价值网络的运行必须是有效率的。

⑤ 价值网络的运行依赖于核心企业主导作用的发挥。价值网络作为市场选择的结果，其主体的理性选择并非自发形成的过程，必然需要一个核心主体在价值网络的产生与运行过程中发挥主导作用。价值网络主导主体是价值网络的价值中枢，其主导地位的确立，源于在市场与客户需求中发现市场机会，并通过与市场和客户的有效对接，将市场机会转化为潜在价值，同时，依据市场与客户需求，将这些需求信息准确地体现在价值网络的组织与运行过程中，使每一个价值网络参与主体的行为围绕最大限度地满足客户需求这

个前提，实现价值网络整体利益的最大化。概括而言，价值网络主导主体应在发现价值、协调内外部关系、优化网络结构、创造网络价值、实现利益共享等方面发挥领导者作用。

⑥ 价值网络的本质是一个特定的主体集群结构。从根本上说，价值网络是参与主体共同形成的一个主体集群结构，体现的是参与主体之间的经济联系与经济关系，这种经济联系与经济关系，围绕着实现价值网络利益最大化与参与主体利益共享而展开，具体表现为在分工与专业化基础上构建的新型竞争与合作关系，并以此实现价值网络参与主体的协同共生，是价值网络参与主体共同构建的内部化的产业生态。一方面，价值网络的主体集群结构在利益的凝聚下具有相对稳定性，另一方面，参与主体市场化的理性选择，又使价值网络的这种主体集群结构具有动态性与开放性。因此，价值网络主体集群结构的规模取决于价值网络外部利益内部化的能力以及参与主体经济关系协调的能力。

二、价值网络理论发展进程

在工业经济的假设和模型基础上，由于工业革命的出现，制造业为世界经济发展做出卓越的贡献。21世纪以前，商品主导逻辑一直是学术界的主流理论。该理论认为价值是在商品交换的过程中产生的，认为商品与服务存在着明显的界限。然而，随着经济的发展，服务业逐渐占据世界经济的中心地位，产品与服务逐渐呈现融合的趋势，消费者在价值交换过程中的地位也不断提高，世界级的龙头企业纷纷转变经营策略，积极进行从硬件制造到为消费者提供整体服务和问题解决方案的转变。在这种情况下，价值共创理论应运而生，该理论强调价值不仅是由商品交换产生的，而且是由企业、顾客等相关主体共同创造产生的。共创价值的内涵是商品或服务的提供主体为用户供给产品和服务时所产生的总价值。在发展过程中，价值共创理论逐渐分为两个派别，一个是基于用户体验的价值共创理论，该理论的发起者普拉哈拉德和拉马斯瓦米认为价值共创的本质是用户和组织以加强信息联结的方式共同创造体验价值，将互动作为价值共创的重要条件，而在此过程中产生的用户体验是具有社交功能、享乐功能和务实功能的心理反应。价值共创理论的另一个重要派别是“服务主导逻辑”理论，该理论的发起者瓦戈和拉迟消除了商品和服务的明显界限，将二者共同纳入服务的框架下，提出企业的职能由单纯的生产产品向为消费者解决问题转变，在此过程中，产品仅仅作为一种为消费者服务的价值分配方式，为顾企共同创造价值而服务。基于服务主导逻辑的价值共创既注重企业与用户的互动关系，也注重以互动为基础的资源整合和服务交换，形成了服务主导逻辑理论演进、价值共创机制、用户参与、服务创新等研究方向。

在传统的经济模式中，学术界以组织战略视角对企业经营活动进行解构，大部分学者倾向于从某一单一角度来分析组织主体与用户互动情况、组织与利益相关者的连接和组织自身的价值活动，这就是波特所提出的传统的价值链理论的内容。随着数据挖掘、语义分析、云计算等信息技术的发展，人们对企业价值创造和价值实现机制的研究从单一线性的基于竞争思维的价值链理论逐渐转变为以网络化和竞合思维为基础的价值网理论。价值网的商业运营模式概念首次由亚德里安·斯莱沃斯基提出，并由大卫·波维特进一步发展。价值网理论改进了人们对价值的认知，并强调了资源在价值实现过程中的重要性，认为由于产品或服务的互补性导致共同创造价值的企业和相关主体之间形成一个庞大的网络，该网络的中心是用户，网络中的成员不断产生价值，网络的特征又对这些不断出现的新价值进行归纳整理。价值网实际上是一个价值交换系统，其本质是将多个合作伙伴和利益相关主体结合在一起，通过专业化分工的生产服务模式共同为消费者创造价值。价值网理论强调了两方面内容：一是竞争与合作是辩证统一的关系，竞争的内涵是如何分配价值，而合作更强调了网络主体如何共同创造价值；二是在价值网络中，互补者作为重要的价值创造主体，与组织主体、市场竞争主体在共同为消费者提供互补性产品或服务、连接企业主体与供应商等方面起到了重要作用。

企业价值网络从属于企业网络概念，是指为了达到更大程度让渡客户价值的目的，企业主体间形成的协作共存的行为。价值网络的形成是通过将传统价值链进行分解与集成实现的，与原始的价值链具有一定程度的区别。一是在价值网络中，消费者是网络的中心，要想实现价值共创，价值网络成员需要通过增强互动能力来改善与消费者间的关系，整个网络的建构也必须围绕顾客需求展开，以实现顾企价值共创。二是协同合作活动中的合作者与互补者对于企业主体的经营发展起到重要作用，价值网络中相关主体间的合作互动不仅可以提高专业化分工程度，有效降低企业主体的经营成本，还有利于提高消费者价值，从而为整个价值网络带来增值效应。三是价值网络从发散性思维对价值链进行考虑，从原始的价值分配转变为价值创造，改变了组织主体与行业竞争对象在价值分配过程中零增值的情况，运用主体间的竞争双重性，与消费者、增值服务商及其他利益相关者合作和互动，以创造更高的价值并使双方共同获益。

价值网络理论主要有三方面的应用。第一方面的应用是顾客价值。在价值网络理论中，用户处于合作网络的中心，价值网络驱动的最终目的是价值传递，即价值网络中各主体都希望通过协同和配合产生一种效率高、效果优良的生产经营模式来为消费者传递价值并满足其需求。在传统的价值链理论中，产品的价值由受顾客欢迎的程度和顾客需求满足的程度来决定，组织为顾客提供不同等级的产品，顾客在市场上对这些产品进行挑选，以得到能力范围内的最优物品价值。而在价值网络理论中，顾客价值作为企业市场出售商品与价格支付间的关系而被物化，为提升顾客价值，企业需要运用资源优化来改进同一竞争价格水平上产品或服务的市场表现。而要想达到资源整合的目的，企业主体就要借助于价值网络中合作者的资源共享和知识流动渠道，安德森认为“价值创造和价值分享可以被视为顾客和供应商协作关系的提升”，以这种方式来最大程度地满足用户需求，实现顾企共创价值。第二方面的应用是核心能力。价值共创的重要内容之一是传递用户所需要的价值，而这就需要赋予组织主体传递用户价值的核心能力。组织的技术水平和经营效果体现了组织的核心能力，学者普拉哈拉德和加里哈梅尔称之为核心竞争力，组织的核心竞争力是组织发展需要的最重要能力之一，补充稀缺的核心能力有利于传递顾客价值。第三方面的应用是关系。菲利普·科特勒指出组织主体通过为用户提供高质量的产品或服务，加强与其他组织间的联系来与价值网络中各组织建立长期、稳定互利的关系。价值网络从本质上来讲是对关系的管理，“关系”是包含多主体在内的联系状态，在合作过程中，信任、协调与合作是关系实现的本质。价值网络领袖将能够为消费者价值传递做出贡献的企业或主体进行整合，以达到最大程度满足消费者需求的目的，在此过程中，价值网络领袖的目的不再是简单地获取资源，而是通过关系驾驭来管理网络，并进行资源整合，实现网络范围内的价值最大化。

三、价值网络领域研究脉络及研究热点

在产品与服务逐渐呈现融合的趋势下，消费者在价值交换过程中的地位不断提高，快速识别消费者需求，并提供与之匹配的解决方案是新时代企业的发展方向。价值网络转变了原始的价值链的线性思维，从原始的价值分配转变为价值创造，为企业发展提供了新的思路。在此背景下，价值网络领域学者们不断探索，从不同方面和视角对价值网络与企业发展方向进行探索。颠覆式创新、价值主张、价值创造、顾客价值、商业模式创新、价值分配、信息生态链、消费者权利等逐渐成为价值网络领域的研究热点，主要做出科研贡献的学者有韦斯利・J・约翰斯顿、罗德里克・布罗迪、克里斯蒂安・科瓦尔科夫斯基、朱迪・佐尔基夫斯基、埃琳娜・贾科拉、马里奥・范胡克、拉姆・穆达姆比、萨图・纳蒂、扎希尔・汗、克里斯蒂安・莫勒、里斯托・拉贾拉、安东内拉・拉罗卡、丹尼尔・帕拉西奥斯马尔克斯、徐征、高新民、宋华、司建楠、张长令、黄秀华、余江、夏斌、陈春花等。价值网络领域的研究热点如图2-1所示。

供应链、合作竞争、变革性服务研究、企业绩效、创新、制度理论、商业模式创新、合作伙伴选择、运输、商业营销、生态系统、知识转移、服务化、服务主导逻辑是国外价值网络领域的研究热点，供应链进化、合作创新、知识转化、服务主导逻辑是国外学者们重点关注的内容。由图2-1可见，颠覆式创新、价值主张、价值创造、价值网、顾客价值、消费者是国内价值网络领域的研究热点主题，表明国内价值网络研究领域内容逐渐转变为研究以顾客为中心，以互动为主要形式的新型创新方式，同时，价值模型、产品-服务系统和供需网络也是价值网络的重要研究主题。研究的行业范围主要集

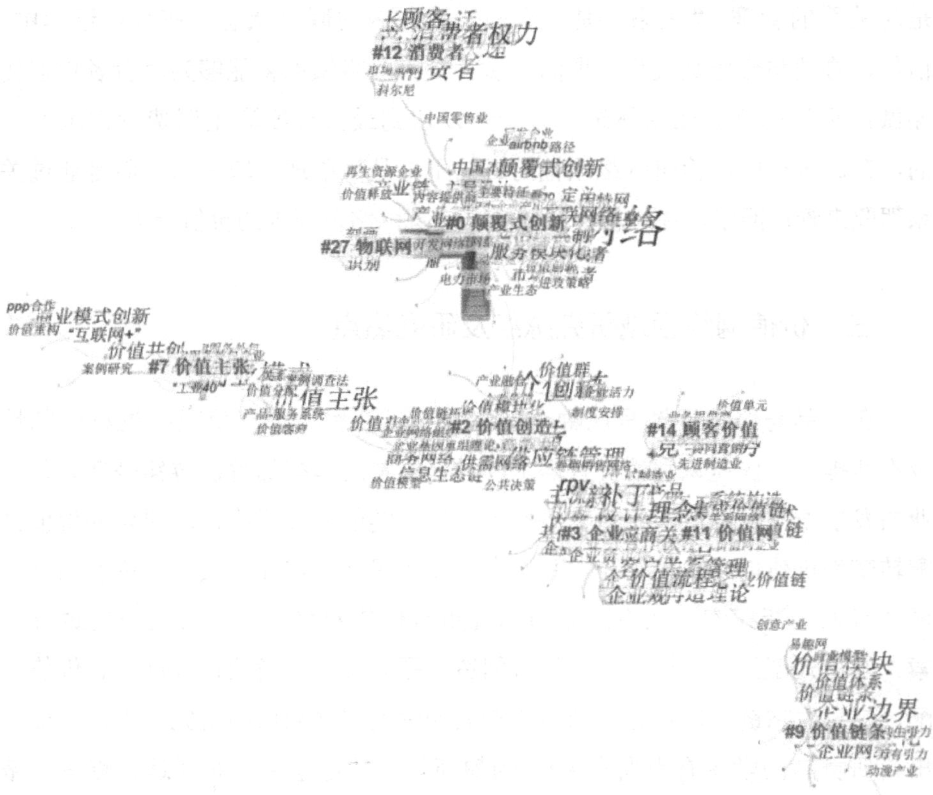

图 2-1 2000—2020 年国内价值网络领域研究热点图

中在商业、零售业、制造业。

综合来看，商业模式创新、产品创新、知识转移、服务主导逻辑等是价值网络领域国内外学者共同关注的热点。

从时间范围来看，2000—2005年间，工业制造、企业行为是研究热点；2006—2010年，价值创造、企业竞争力、协同创新成为研究热点；2011—2015年，开放式创新、动态能力等成为研究热点；2016—2020年，创新绩效、价值共创、用户参与和可持续发展成为研究热点（如图2-2所示）。

国外价值网络领域研究从单纯的个体创新转变为以合作共创为主的模式创新。随着服务主导逻辑的出现，企业发展模式从产品开发和销售向为消费

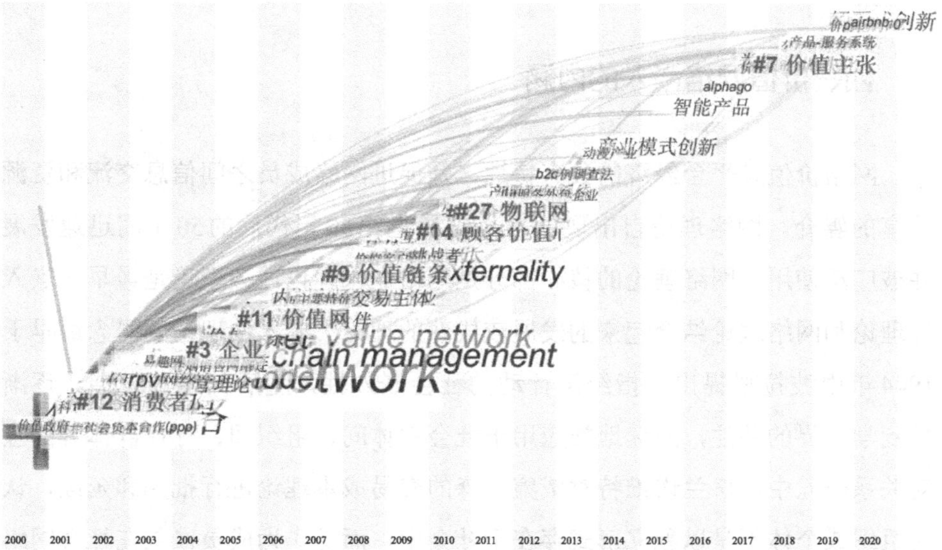

图 2-2 2000—2020 年国内价值网络领域研究热点发展趋势图

者提供服务和问题解决方案转变，学者们的关注点聚焦于用户价值和顾客参与程度。与此同时，价值网络发展和协同创新的出现对企业绩效产生的影响也成为学者们重点关注的主题，企业价值网络中合作主体的选择与服务动态能力的考察成为商业模式创新的主要内容。

由图2-2可见，国内价值网络的研究主题以社会资本合作、网络管理、企业主体行为、价值链管理为起点，2006—2010年，研究热点由自我创新向协同创新转变，价值网络特征识别、合作伙伴选择、交易主体分类、环境竞争防御成为企业发展过程中的重中之重。2011—2015年，随着服务主导逻辑的出现，顾客价值成为企业主体关心的重点，企业的发展战略逐渐向建立合作网络转变，在此阶段中，与其他主体的关系、外包企业的选择成为学界的研究热点，这一阶段的研究主要采用定性分析和案例调查的研究方法。随着实践的发展，价值主张、商业模式创新、用户参与、产品-服务系统、颠覆式创新、智能产品成为研究热点。

从价值网络研究领域前沿来看，国内外学者在价值网络领域的研究范围较广，在不同研究范围内的研究主题呈现多样化的趋势。

四、价值网络嵌入的内涵

网络价值是平台经济的独有特性，是促进网络成员之间信息交流和资源共享的媒介。网络理论自出现以来，在20世纪80年代后的50年间迅速发展并被广泛使用，网络理论的核心部分是网络嵌入理论，该理论是最早将嵌入性理论和网络理论结合起来的发展较成熟的理论。嵌入性理论的概念最早于1944年由波拉尼提出，指经济行动的社会嵌入性，随后其迅速发展，逐渐受到学术界的关注，陆续地被应用于社会主体间、组织间、行业群体等的互动关系研究中。格兰诺维特对威廉姆森的交易成本理论进行批判和延续，认为组织或个体不是以独立形式存在于社会中，而是作为成员嵌入在社会网络中，受网络因素或结构的影响。格兰诺维特还对社会网络的概念进行聚焦，提出社会网络是状态受到企业时间因素影响的一种基于社会经济行为的特殊组织形态。沿袭社会网络的概念，学界开始对网络嵌入的概念进行深层次的界定和研究。从管理学视角来看，网络嵌入是指基于行动主体间的信任，在社会环境中与多个主体形成结构衔接和稳定的关系，从而改善主体间资源、信息流动程度，最终影响企业竞争绩效的实现。这种联结或关系可以有效降低知识共享门槛，构建知识转移和知识流动的基础。也就是说，企业主体通过嵌入社会网络中拓展知识和信息获取渠道，实现价值创造和转移，准确把握和满足客户需求。

五、网络嵌入领域研究热点

嵌入概念及其理论日益成为管理学领域相关研究的重要视角之一，嵌入性是网络研究的一个重要工具。近些年来，越来越多的学者基于不同理论和视角对网络嵌入行为进行研究。网络管理、嵌入式网络、产业网络、嵌入式系统、神经网络、知识网络、关系嵌入性、网络嵌入性、创新绩效逐渐成为网络嵌入的研究热点，如图2-3所示。

图 2-3　2000—2020 年国内网络嵌入领域研究热点图

近20年来国外网络嵌入领域的研究中，绩效、探索、供应链管理、知识共享、社交网络是研究热点，学者闫宁、阿克巴尔・扎希尔、泽维尔・莫洛纳莫拉莱斯、托马斯蔡、肖波・吴、乌韦・马特扎特、亚历山德罗・洛米、安吉拉・特雷格、迈克・赖特、亚历克斯・休斯、乔尔吉奥・斯基法尼、阿米尔・萨森为网络嵌入的研究做出主要贡献。

从图2-3可以看出，网络管理、嵌入式网络、产业网络、嵌入式系统、神经网络、知识网络、关系嵌入性、网络嵌入性、创新绩效是国内网络嵌入领域的研究热点，网络能力、知识分享转化、网络主体关系嵌入、结构嵌入性逐渐成为研究热点。其中，关系嵌入于2013年成为研究热点，并一直持续到2019年，是持续时间最长的研究热点关键词。网络能力在2017年才成为研究主题，并一直延续到2020年，成为最有研究潜力的关键词。从文献作者的数据分析结果来看，主要做出科研贡献的学者有党兴华、张敏、庄晋财、符正平、李义杰、彭伟、张一力、刘方爱、彭正银等。

从时间范围来看，知识管理、供应链管理、网络嵌入与企业绩效的关系逐渐成为国内外网络嵌入领域的研究主题，社会网络分析、网络动态能力是国内外学者关注的焦点，如图2-4所示。

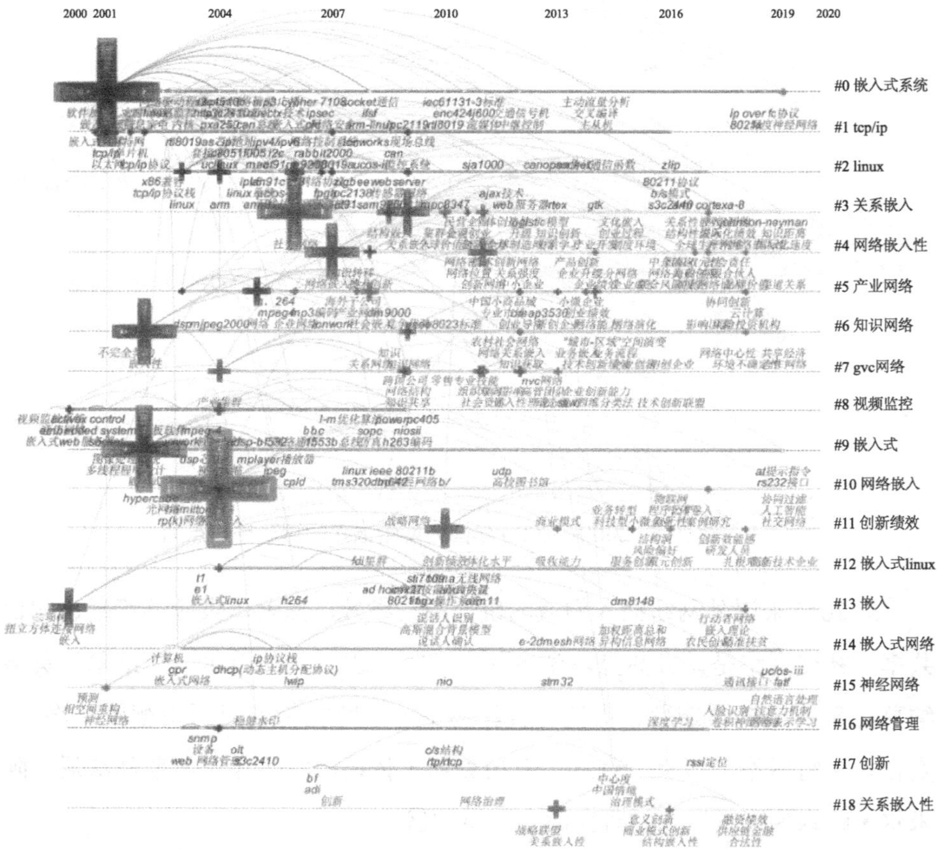

图 2-4　2000—2020 年国内网络嵌入领域研究热点发展趋势图

由图2-4可见，组织视角是国内外网络嵌入研究的切入点，企业主体的社会能力和绩效表现都是学者们密切关注的问题，此外，领导力和企业家精神也是组织嵌入的重要影响因素。随着研究的不断发展和深入，部分学者提出大数据、语义设计等技术是组织参与社会网络的重要辅助工具，与此同时，资源管理成为网络嵌入研究的重要视角。由于绿色创新和可持续发展主题的出现，学者们开始聚焦于人类有限的市场资源，基于创新和资源管理的网络嵌入研究具有重要的意义。在整个网络嵌入研究主题的发展过程中，知识一直是受学者们广泛关注的重要主题，吸收能力、知识转移和共享等相关理论一直为网络嵌入的研究提供支持。

六、网络嵌入研究主题的内容讨论

网络嵌入的分类框架最早由格兰诺维特提出，仅仅将网络嵌入分为结构嵌入和关系嵌入，是学术界的主流分类。结构嵌入主要侧重于网络在结构方面的特征，其研究重点聚焦于规模、中心性和异质性等宏观因素对网络主体的影响。网络规模是体现企业在价值网络中产生协同合作联系的主体数量多少的重要指标，网络中心性比对的是企业主体在价值网络中所处的位置和影响力大小，网络异质性体现了网络中企业主体间资源的差异程度，例如企业性质、企业员工数量、企业所处的行业、地域文化差异等。伯特提出的结构洞理论和科尔曼提出的网络密度理论是结构嵌入的两个经典流派。结构洞理论认为网络主体所拥有的结构洞越多，其在关系网络中更能占据有利地位，从而获取更多资源。网络密度理论认为网络密度越大代表网络中主体越多，也表示网络中充斥的资源量越大，从而有利于推动网络主体间信任的培养和协同活动的开展。关系嵌入则从信任与互惠的双边关系为切入点，描述了行动者间的沟通质量和沟通强度情况，格兰诺维特认为关系嵌入不同于传统意义上企业主体间的单纯竞争，而是一种特殊的竞合关系，可以从“信任、信息共享、共同解决问题”三个维度构成。此外，有学者对嵌入性的概念进行延伸和细分，将网络嵌入分为结构嵌入、认知嵌入、制度嵌入和文化嵌入。学者纳比特等和济将网络嵌入分为结构性、关系性和认知性三维度。还有学者从行为内容角度将网络嵌入分为业务嵌入和技术嵌入。此外，从组织层次的动态演变视角对网络嵌入进行划分也是学术界的重要研究成果。表2-1表明了关于网络嵌入维度划分的研究成果。

表2-1 网络嵌入维度划分

代表性学者	网络嵌入维度划分
格兰诺维特	结构嵌入、关系嵌入
佐京和迪马吉奥	结构嵌入、认知嵌入、文化嵌入、政治嵌入
纳比特等和济	结构性、关系性和认知性
罗莉等	强联结网络、弱联结网络
安德松、福斯格伦、霍尔姆	业务嵌入性和技术嵌入性
哈格多姆	环境嵌入、组织间嵌入和双边嵌入

文化嵌入指外在社会文化、传统惯例等因素对企业主体间合作效果的影响，其内涵是组织所处社会文化环境的差异导致企业间合作关系选择倾向有明显差异。政治嵌入强调不同的政治体系和法律法规对网络中企业主体的合作关系产生影响。认知嵌入主要是指精神过程的结构性规律对经济理性造成限制的状态，拥有类似思维方式、群体认知和经营理念的企业主体间更易形成关系网络，两者之间的协同合作关系由于类似的思维意识会更加稳定和高效。研究表明，认知嵌入应纳入企业发展资源中，有利于企业发展和积累智力资本。尹柯和唐认为企业认知资本可以分为共享目标和共享文化两方面，共享目标指网络主体对完成共同任务的理解和思路的一致程度。共享文化指网络主体对内部人员管理和发展氛围的认同程度。由于本书的研究对象的聚焦性，本书选用继承了格兰诺维特二分法下的，将社会资本理论与网络理论相融合的结构、关系、认知嵌入分析框架，对互联网企业产品创新进行研究。

关于网络嵌入对企业创新绩效的影响，学者们进行了大量探索。从结构维度和关系维度视角研究网络嵌入对企业创新的影响占绝大部分。索伦森和瓦格斯的研究表明关系嵌入会增强网络主体间的信任程度，从而加强合作伙伴间的合作，提高由合作行为带来的资源共享效率。诺特进一步研究发现，企业主体的网络嵌入使关系质量和关系强度发生变化，使企业主体间的合作效率提升。此外，有部分学者从知识资源视角对网络嵌入与企业创新的关系进行探究。林德弗莱施、摩尔、戴耶、哈赤提出网络嵌入通过促进企业主体间的知识转移，提升企业内部的知识资源丰富程度和知识创造力，进一步提升企业的创新绩效。侯仁勇、严庆等从结构嵌入视角研究知识网络和协同网络双重嵌入对企业绩效的影响，提出了知识网络和协同网络的中心性和结构洞对企业创新绩效具有不同程度的影响。目前已有部分学者考虑到网络嵌入的多重性特征，研究网络的外部异质性对企业主体的创新活动产生的影响。其中，动态能力视角和环境视角是典型的研究内容。部分学者认为动态能力的提升和其内部结构的优化有助于促进企业主体吸收来自自身外环境的资源，环境动荡对企业动态学习能力影响创新绩效的过程起调节作用。谢洪明、施晓俊选取学习能力作为中介变量，验证了学习能力的部分中介作用和网络关系嵌入对企业技术创新绩效的正向影响。彭伟华、侯仁勇基于动态能力观和权变理论探讨了垂直与水平双重合作网络对企业创新绩效具有差异性的作用机制。有学者将高新技术企业作为研究对象，从知识吸收能力视角对知识链和价值链双重网络嵌入对企业创新绩效的影响机制进行了研究，还有学者研究了环境变化在创新与企业绩效间的调节作用，认为环境动荡是创新的先驱，特别是技术变动使企业增加了创新活动的发生频率。

第三章

产品创新

一、产品创新的内涵及划分

在市场中，环境压力驱使组织不断地进行产品创新以求保持竞争优势。产品创新指的是以为用户提供迫切需要的产品和服务为目标，企业从外在环境中引入新的产品或从内而外进行产品或服务改进，即功能创新、形式创新或服务创新。也有学者认为产品创新是企业以满足消费者需求为目标，通过各种手段研发与传统产品有显著区别的新产品或服务的过程。

当前学界对于产品创新分类的研究大都是根据创新的程度或产品的层次，将产品创新分为：功能创新、形式创新和服务创新；激进性产品创新和渐进性产品创新；探索性产品创新和利用性产品创新；核心系统创新和周边系统创新；开发式创新和利用式创新；技术型产品创新、市场型产品创新和技术-市场联合型产品创新；产品形式化创新和产品服务化创新。在产品创新的研究中，对产品过程创新的研究是重要部分，学术界自二战以来，从创新过程角度将产品创新分为技术推动型创新、需求拉动型创新、技术-市场互动/耦合型创新、全球化橄榄球型创新、价值链/价值网络型创新。

国内外学者对产品创新的研究可以分为两类，一类是从内外部因素与创新绩效的关系进行分析，一类是从投入、产出与创新的最终效果关系的角度进行研究。外部环境原因指企业所受的政策指导、市场情况、融资渠道方面对组织产生影响。以往的研究指出，政府的税收政策、融资环境的宽松程度、国家的经济发展形势会对企业创新产生影响，进而影响企业绩效。内部因素指组织内部人力资源配比、发展战略等对自身造成影响的因素。研究表明，企业工作系统效率、企业规模、产品技术特性会对产品创新与企业绩效的关系产生影响。

二、产品创新研究理论进展

产品创新是组织获得利润增长，使自身的经营发展优于同行的重要手段。国内外学者在产品创新领域的研究范围较广，在不同研究范围内的研究主题呈现多样化的趋势。在近20年的发展时间里，产品创新领域的学者们不断拓展研究视角，选取不同的研究对象，取得了诸多研究成果。从技术创新、工艺创新到服务创新，产品创新领域的研究主题逐渐以价值共创和用户参与为中心。结合文献计量可视化软件Citespace对20年来产品创新领域研究进行深入挖掘，结果表明，技术创新、企业绩效、产品创新的影响因素、绿色创新、吸收能力、合作共创是产品创新领域的研究热点。从空间上来看，国内外研究空间范围较广，主要集中在英美等发达国家，我国产品创新领域文献数量较少。我国主要做出科研贡献的学者有杨育、陈劲、汪应洛、胡树华、杨洁、毕克新、徐燕申、张雪峰等。从产业分布来看，产品创新研究主要聚焦于制造业、工业和金融行业，对其他行业主体的研究较少，产品创新领域的研究热点如图3-1～图3-3所示。

服务运营管理、新产品开发、网络能力创新、吸收能力、企业绩效、开放式创新、产品创新影响因素、知识是国外产品创新领域的研究热点。

由图3-1可见，技术创新、顾客需求、财政金融、企业创新、过程创新、风险防范、社会资本、结构方程模型、组织冗余、协同创新、创新绩效、创新模式、绿色创新、制造业、创新设计、创新驱动、信息技术、产品语义设计、用户参与、风险管理、企业核心竞争力、新产品开发都是国内学者研究的内容。其中，技术创新、工艺创新、企业管理、财政金融服务创新、绿色

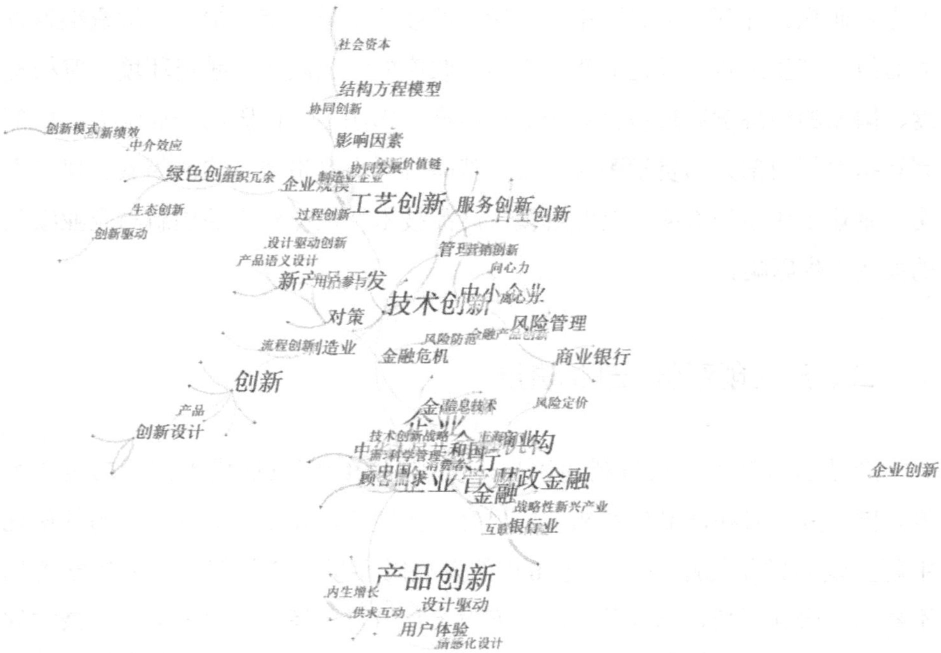

图 3-1 2000—2020 年国内产品创新领域研究热点

创新、用户体验是领域内研究的热点，表明国内产品创新研究领域内容逐渐以满足用户需求、提升用户体验为目的，借助新产品开发技术实现绿色创新转变，同时，营销策略、经营模式和风险管理也是产品创新的重要研究主题。

绿色创新、企业绩效、合作共创、吸收能力、产品开发是国外2000—2020年的产品创新研究热点。其中，网络创新、政策制度、环境规制等都属于绿色创新的研究范畴；信息技术、企业绩效、商业模式创新属于合作共创的范畴；产品发展、动态能力属于吸收能力的范畴；合作创新、开放式创新属于产品开发范畴。

从图3-2可见，绿色创新、工艺创新、企业管理、大数据、金融产业是国内2000—2020年的产品创新研究热点。其中，生态创新、产业演化、创新模式、组织冗余等都属于绿色创新；金融创新、风险管理、新信息技术、顾客需求等属于企业管理范畴；服务创新、管理创新、技术创新、自主创新等属于企业核心竞争力；创新价值链、过程创新、供应链整合等属于工艺创新的范畴。除此之外，新产品开发、金融产品创新、商业银行产品创新和大

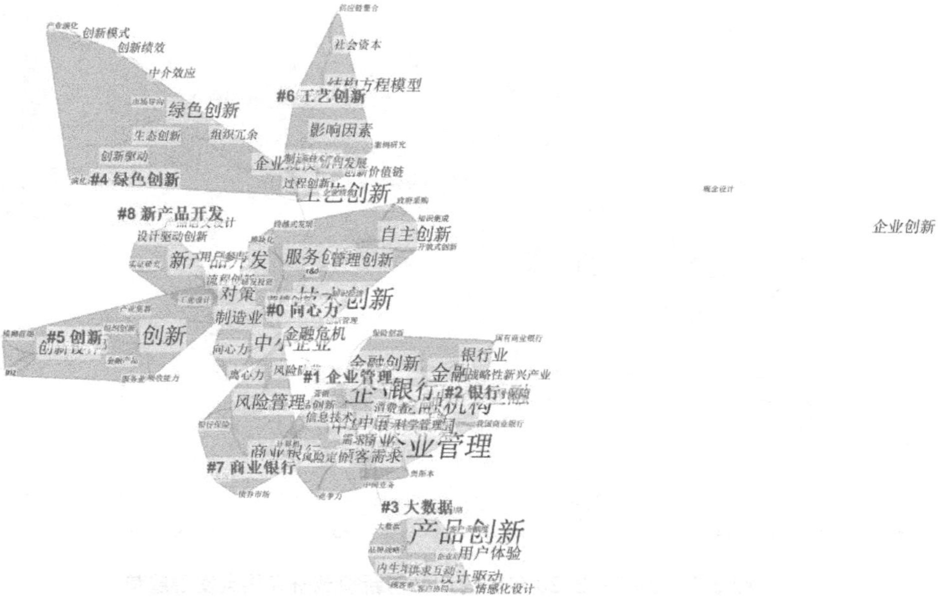

图 3-2 2000—2020 年国内产品创新领域研究热点提炼

数据也是产品创新的研究热点。

综合来看，用户需求、协同创新、创新绩效、知识管理、绿色创新等关键词是产品创新领域国内外学者共同关注的热点，以互联网企业作为研究主体的文献较少，对中国情境下的企业产品创新的相关研究同样为数不多。

从时间上来看，动态能力、知识管理、网络化创新、开放式创新是国外产品创新领域的研究趋势，2000—2005年，工业制造、企业行为是研究热点；2006—2010年，价值创造、企业竞争力、协同创新成为研究热点；2011—2015年，开放式创新、动态能力等成为领域内热点；2016—2020年，创新绩效、价值共创、用户参与和可持续发展成为研究热点。

从图3-3可见，2000—2005年，国内产品创新的研究热点是技术创新、金融产品创新、信息技术、银行产品、创新管理；2006—2010年，研究热点为协同创新、用户参与、营销创新、风险管理；2011—2015年，产品创新绩效、企业核心竞争力、供求互动成为研究热点，主要采用结构方程模型的研究方法；2016—2020年，产品创新影响因素、新兴产业产品创新、用户体验、产品语义设计成为研究热点。

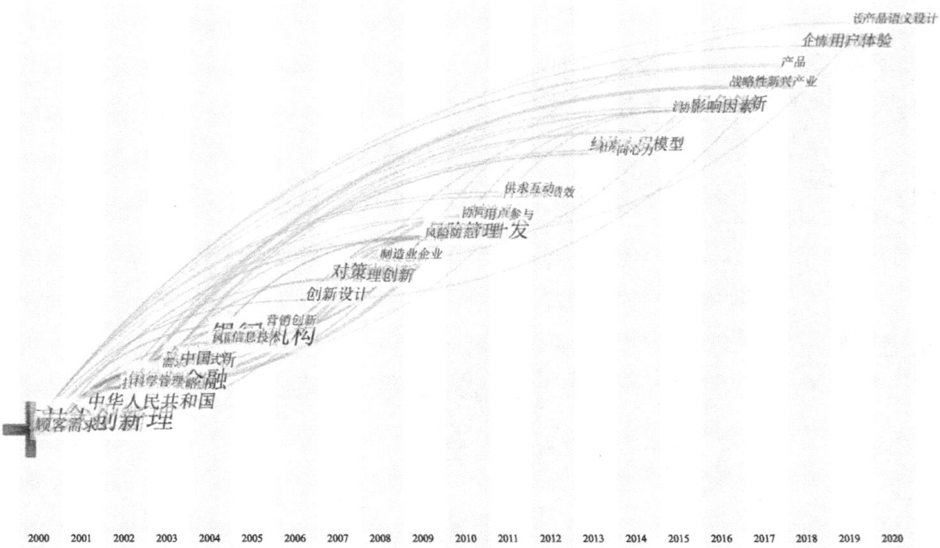

图 3-3　2000—2020 年国内产品创新领域研究热点发展趋势

三、产品创新的影响因素研究

在学者们对产品创新的研究中，产品创新的影响因素是领域内的研究主题，这些因素使企业有效地协调其资源，以加强创新能力，超越其在全球市场上的竞争对手，从而抑制与资源相关的弱势方面并将其转化为利于企业发展的长处，最后提高企业竞争力。有学者认为，行业差别不会对产品创新的成功率产生影响，制定合适的创新策略，准确识别用户需求，同时通过与用户积极互动来达到提高产品创新能力的目的是组织增强自身核心竞争力的根本途径。罗伯特·库珀通过对新产品开发行业进行实证研究，提出影响产品创新的三个因素是创新策略决策、客户需求捕捉和领导者能力。此外，主体间的合作关系与互动程度对企业产品创新效果产生影响。布斯廷扎、奥斯卡·戈麦斯、伊曼纽尔等认为伙伴关系和研发强度对产品创新绩效具有促进作用，实施服务的制造业公司将从与知识密集型商业服务公司建立的战略合作关系中受益。知识密集型企业通过建立合作网络缩小规模、外部化风险并与其他企业主体进行知识共享，从而有效提高产品创新绩效。邦肯、里卡尔达、弗雷德里克·维克托等从竞合视角对渐进式创新和突破式创新进行研究，提出企业与竞争对手间的合作在渐进式创新的过程中起到正向的促进作用，对于颠覆式创新，仅在创新活动启动后的运行阶段起到正向作用。德马西斯、阿尔弗雷多、大卫·乌兰纳等学者基于资源基础观理论，建立了企业产品创新绩效提升模型，认为顾企价值共创、创新战略、企业价值观、组织内部协调和包容与信任是企业创新绩效优于其他组织的重要原因。李龙元、李钟浩和加勒特·托尼在考虑创新水平和行业类别的基础上，研究了产品、流程、营销和组织创新的协同效应。研究表明，用户需求探索和新用户开发对产品创新和过程创新有积极影响，创新存在协同效应且可以根据创新水平和行业类别而改变。李宁认为技术能力和企业家精神对产品创新产生积极影响，我国应通过实现创新驱动型制造业改造来增强工业能力。李大元、黄敏和任胜刚提出环境合法性是企业绿色产品创新的重要影响因素，绿色流程创新在其中起到部分中介作用，企业通过增加非正式和正式机制，即外部环境合法性和内部绿色工艺创新，以实现绿色产品创新。学者罗莎·玛丽亚、普贾里·德瓦什和蓬特兰多尔夫·皮尔保罗认为可持续发展的动态能力由外部资源集成、内部资源集成以及资源构建和重新配置三个流程组成，要素建设和重构是唯一直接影响市场绩效的因素，其中，生态设计能力调节了可持续发展动态能力对产品创新绩效的积极影响。

迟春洁、吴耀杰的研究表明环境规制是组织产品创新的重要影响因素，当组织规模处于低门槛时，全部污染和低污染行业的环境规制对其产品创新效果都有负面作用。当企业规模处于高门槛时，轻污染和中污染行业的环境规制都显著促进对应的产品创新；全部污染行业的环境规制对工艺创新有显著的负向影响作用。在服务主导逻辑逐渐向各行业延伸的环境下，许庆瑞、李杨、刘景江提出当企业调整制造与服务逻辑向心性时会引发能力习得，从而获得新的能力；当企业调整制造与服务逻辑兼容性时会引发能力转型，从而修改已有能力。刘威提出外国直接投资、固定资本、人力资本等因素对中国产业创新起到正向影响作用，而传统意义上的产品开发成本和产品开发专利对产品创新的促进作用并不显著。黄牡丹研究表明市场定位、客户识别、产品同质化规避是企业实现产品创新的重中之重，建立健全的风险防范体系是提升产品创新绩效的保障。曾江洪、刘诗绮、李佳威认为环境规制、需求方拉动和供给推动因素由于绿色创新的类型不同，而对企业产品创新产生不同影响。绿色产品创新对企业经济绩效具有明显的积极影响，而绿色过程创新不能对组织经济绩效提升产生明显的促进作用。

四、产品创新与知识管理

近年来，企业主体的关注点逐渐由重视产品开发、产品销售向为消费者提供全方位的服务转变，在追求服务增长的过程中，知识管理是非常必要的环节。在对产品创新研究热点的分析结果中，知识管理与产品创新的联系紧密，是产品创新领域的一大研究热点。德西尔瓦·穆图、豪威尔斯杰里米、迈耶·马丁认为通过利用员工和合作伙伴所拥有的现有知识，以及理解和塑造创新生态系统的知识库，创新主体可以通过参与协作创新而产生内部价值，从而提高创新绩效。杰蒙登·汉斯·格奥尔格、莱纳·帕特里克、科克·亚历山大从人力资源管理和知识管理理论视角出发，提出价值、结构和人员对企业产品创新产生正向影响。佩特鲁泽利安东尼奥·梅塞尼、阿尔迪托·洛伦佐、萨维诺·托马索提出不同年龄知识输入的成功重组与创新企业的结构特征密切相关，企业年龄和企业规模在知识输入对创新价值成熟度的正向影响过程中起调节作用。斯考托维罗尼卡、桑托罗·加布里埃尔、布雷西亚尼·斯特凡诺等提出信息通信和大数据技术升级有利于中小企业主体间的知识交换和知识共享，从而对企业产品创新绩效产生正向影响。萨维诺·托马索、安东尼奥·梅塞尼和阿尔比诺·维托认为企业的产品创新绩效取决于组织内部和组织之间采用的解决方案之间的差异，知识要素的多样性对于创造突破性创新至关重要。社会关系在促进企业内部的知识流通和管理方面起着根本性的作用，互动是发现问题过程中的重要环节，尤其是以非结构化的方式将不同的知识和观点汇集在一起。不同组织内部的知识要素匹配使不同专业背景的员工实现知识灵感碰撞，从而有效提高企业产品创新绩效。

基于知识视角的商业模式创新最近在学术研究和商业实践中得到了迅速发展。商业模式的改变被认为是实现可持续性创新的基本方法。埃文斯·史蒂夫、弗拉迪米罗娃·多罗特亚、霍尔加多·玛丽亚等在可持续创新理论、网络理论、利益相关者理论和产品服务系统理论的基础上提出了可持续商业模式，认为价值网络嵌入是可持续商业模式的重要表现形式。张楠、徐良果、戴泽伟等认为知识产权保护是强化企业自主创新能力的重要动力，该能力由企业环境和竞争氛围所决定。产品市场竞争对企业创新投入有促进作用，知识产权保护对于产品市场竞争促进企业创新投入的影响存在异质性，对高科技企业和东部地区企业的促进作用更明显。王舒阳、魏泽龙、宋茜等认为知识搜索宽度和知识搜索深度应结合企业自身的产品创新策略，从而对突破式创新产生正向影响。模块创新策略增强了搜索深度的积极影响，但削弱了搜索宽度的作用；架构创新策略增强了搜索宽度的促进作用，但削弱了搜索深度的作用。徐国军和杨建君提出技术转移对技术接收企业新产品开发速度及企业绩效的正向影响比技术交流对以上两方面的影响更加显著。技术接收企业实际吸收能力增强了新产品创新性对技术交流与企业绩效的中介效应。

从组织视角探讨知识资源和产品创新的关系是研究的热点之一。组织学习作为组织创新的重要知识资源，在企业的资源内化过程中起到重要作用。李树文、罗瑾琏、梁阜研究指出组织的内部学习和外部学习对产品创新绩效、流程创新绩效均具有积极影响，组织内外部学习平衡程度对产品创新绩效存在倒U形影响，过度的内部学习对产品创新绩效提升具有削弱作用。司月芳、刘婉昕、曹贤忠强调了外部知识异源性的重要作用，提出用户、同行、大学及科研机构的不同知识源对企业工艺和产品创新绩效有积极推动作用，从而有效推动产品创新绩效提升。鲍惠文、吴学良、李正宇研究指出以集体知识创造为特征的项目绩效更多是由团队能力和团队间社会资本来解释，而不是由项目接口来解释。此外，如果项目对接方式选择不当，知识价值共创效果会受到损害，导致知识交流困难和互动效率低下。张建明、梁功谦、冯泰文从制度理论出发，提出环境法规的两个维度——指挥与控制法规以及基于市场的法规对外部知识的采用都具有积极影响。外部知识的采用充分调解了这些积极关系。此外，知识吸收能力只会增强基于市场的法规对外部知识采用的积极影响。

五、产品创新与价值网络的关系

由上一节论述可见，价值网络研究与产品创新主体息息相关，在文献研究中发现，对于价值网络中参与主体的行为研究是产品创新领域中的热点，技术管理和战略管理是研究的重要视角，企业主体与顾客的价值共创方式是学者们共同关注的主题。此外，知识有效促进了价值网络形成，提高了产品或服务更新换代的效果。从价值网络视角研究绿色创新和可持续创新也是领域内的重要组成部分。

客户、企业主体、供应商是创新过程的三个主体，一部分学者从价值网络视角探讨主体间关系和产品创新的关系。波特·安东尼和保罗·安东尼从价值网络视角的研究指出，企业主体间关系和战略联盟对由企业主体、客户和供应商形成的三位一体创新具有正向影响作用，企业外部领导关系和联盟伙伴多样性对如何利用客户和供应商领导关系构建供应商创新三位一体具有不同的调节作用。颜婷婷、杨洋、杜利·凯文提出当以创新新颖性为目标时，管理者将其他行业客户关系和外部创新关系视为积极信号，而竞争对手关系则视为消极信号，当以信息保护为目标时，这三种关系都会被认为是负面的；当考虑这两个目标时，信息保护比创新新颖性对最终供应商选择可能性的影响更大。德席尔瓦、穆特·豪威尔斯、杰里米·梅耶等的研究表明，创新中介在企业和消费者进行价值共创的过程中起到重要作用，分析了创新中介机构采用的基于知识的实践如何使他们在与客户合作时能够为自己创造价值。通过利用员工和合作伙伴所拥有的现有知识，以及理解和塑造创新生态系统的知识库，创新中介机构可以通过参与协作创新而产生内部价值，其范围从不同的金融类型到非金融类型。萨兰加·哈里塔、安德烈亚斯的研究提出我国本土企业通过嵌入本地生态系统网络，与相关主体形成垂直伙伴关系，与全球价值链组织形成双螺旋效应，可以提高本国企业组织竞争力。佩里·史密斯、吉尔、维托里奥等认为网络嵌入对产品创新产生正向影响，创新主体在创新想法产生到创新实现的过程中有着不同需求，当网络关系和结构元素符合该阶段的独特需求时，企业主体就可以顺利完成创新实现。

技术管理和战略管理是网络研究的重要视角，麦金太尔·戴维和斯里尼瓦桑·阿拉提提出网络效应和平台服务质量对企业产品创新和竞争力提升起到正向影响作用，网络效应为各种要素的动态匹配提供多种渠道，从而促进企业主体的创新行为。王建平和吴晓云认为网络位置是重要的外生性创新资源，网络中心位置和中介位置均会显著促进企业绩效提升。技术推动型、市场拉动型和设计驱动型产品创新战略分别在网络中心位置影响创新绩效过程中发挥显著的中介效应，但在网络中介位置影响企业创新绩效的过程中，技术推动型产品创新战略的中介效应不显著，市场拉动型和设计驱动型产品创新战略则分别发挥显著中介效应。刘家明、柳发根研究指出，平台生态圈、创新载体、客体、主体和规则构成了平台型创新体系，更强调了网络价值而非产品价值，包括了技术创新、产品创新和服务创新等创新形式。其中，多元主体间的互动产生的网络效应，是促进企业主体提高创新绩效的有效手段。冯立杰、杜靖宇、王金凤等学者研究表明，推动企业价值网络演变逐渐成为开展颠覆式创新的重要方式，市场、技术和合作关系是价值网络演变的三个重要因素。后发企业经历识别组建、迭代更新和拓展深化等过程来实现企业的价值网络演变。

此外，知识管理是产品创新的重要视角之一。利奥·以西认为知识是组织模块化和产品模块化程度提高的重要前提，提出知识通过改变模块化边界来促进产品创新。商业模式的改变被认为是实现可持续性创新的基本方法。戈尔·沙拉德、安德森·阿什顿、霍夫曼·杰克从可持续性创新，网络理论，利益相关者理论和产品服务系统视角出发，提出了五种价值主张，通过有效的商业模式创新实现产品创新和企业转型。达格利克、罗莎·玛丽亚认为绿色产品创新和产品决策是各行业企业的发展方向，影响企业绿色创新的因素分为内部因素和外部因素。在内部因素中，最重要的是企业战略制定、成本降低、市场收益、声誉提高、创新机会获取和知识管理。在外部因素中，最重要的是环境法规和市场需求。此外，增强领导者能力、建立合作网络、增强公司内外的知识流、跨职能集成资源和能力的开发对企业绿色产品创新起到积极推动作用。戈迪斯、德拉佩鲁塔和玛丽亚·罗萨里亚提出了一种将信息技术工具运用于有效学习应用程序的方法，强调了信息技术作为知识管理创新的核心因素的重要性。

六、产品创新对企业绩效的影响

到目前为止，学术界有大量研究阐述产品创新与企业绩效的影响，企业如何通过提高产品创新能力来提高企业绩效一直是学界研究的热点之一。部分研究是在正式经济环境下，得出产品创新对企业经营绩效产生正向影响。陈久美、刘志迎基于产品生命周期和商业模式理论，运用质性研究方法研究探索性产品创新和利用性产品创新的交互性及与商业模式匹配的动态过程。部分研究表明，产品创新具有柔性、组织学习性、风险性和资源配置性等特点。在非正式经济环境影响下，当企业面临非正式竞争时，产品的形式化创新不能有效促进企业经营绩效提升，但产品服务化创新能够提升企业利润，进而促进企业竞争力提升。张康、王江、李峰等运用质性研究方法分析价值共创视角下的产品创新活动，构建了主体互动、价值共创、产品创新的理论模型。

部分学者以权变的视角对产品创新与企业绩效的关系进行研究，其中资源基础理论和动态能力理论是重要的研究切入点。企业在制定产品创新策略时应充分考虑到外部条件的影响，做到具体问题具体分析，才能有效促进企业绩效提升。通过文献研究表明，在不同行业的企业发展过程中，产品或服务的更新换代是企业发展的首要选择，能够为企业带来超额回报，产品的技术特性和消费者需求满足情况都会对企业的创新绩效产生影响。钟根元、张娴、陈志洪运用动态优化控制理论建立了最优投资模型，对负外部条件下上下游企业的产品创新及过程创新进行了动态分析。资源观为组织产品创新和企业创新效果的关系研究提供了清晰框架。资源观认为企业的竞争优势来源于企业内部具有异质性、多样性的资产，企业竞争力高低取决于企业主体运用内部资源产生绩效的程度和能力。资源观理论主要通过人力资源配比、企业发展战略等对企业造成影响的内部因素来解释创新与企业绩效的关系，提出组织通过不断收集异构资源，使内部资源多样化，能够有效提高自身创新绩效，从而提高竞争力。在资源观理论基础上的产品创新是企业提升企业绩效、拓宽资源获取渠道的有效方式。已有研究提供了充分的证据表明企业产品创新对企业绩效具有改善作用，一方面，产品创新可以有效地降低生产成本，通过改善边际利润率、降低管理费用来提升企业竞争力；另一方面，产品创新可以有效实现旧产品更新换代，升级产品性能和服务质量，提升旧用户群体的用户体验并吸引新用户群体，以产生消费者体验价值。最后，企业通过产品创新寻找新发展领域，实现跨界成长，从而全面提升企业竞争力。金钟琪、乔蒂·纳瓦尔和理查德·林奇从资源基础的视角，将可持续创新、创新文化和企业创新绩效结合起来，认为企业的创新文化促进公司可持续发展方向的定位，从而对自身的发展具有较大影响力，强有力的持久经营导向为提升组织竞争优势提供可能。企业动态能力的内涵是通过内部结构优化、提高资源利用效率、一定程度上打乱和重组内部机构来快速适应环境，是组织价值创造、竞争力提升的中心环节。王婷、吴剑琳、张淑林提出双向开放式创新能够对产品创新绩效起积极的促进作用，市场资源在此过程中发挥中介作用，组织学习在市场资源对内向型开放式创新的正向促进作用中起到正向调节作用，并负向调节市场资源对新产品市场绩效的正向影响。周平录、邢小强提出，财政自主权是一种稀缺、不可模仿、价值较高的资源，有利于区域政府推动创新绩效提升。研究表明，财政分权异质性、创新绩效异质性、创新强度和内生性问题是影响区域创新绩效的干扰因素，财政分权对于区域创新能力提升具有促进作用。

绿色创新和可持续发展是产品创新研究领域的另一研究热点，部分学者认为在现代企业面临许多环境挑战和压力的情况下，组织的管理者已经意识到绿色创新是可持续发展的重要方式，为企业发展提供竞争优势。宋文浩和余红艳运用组织认同和组织创造力理论创建了绿色创新战略的理论框架，提出绿色创新战略对绿色企业发展和绿色创造力都有促进作用。技术进步是提高企业比较优势的一项重要活动，因为新技术和可再生技术将对能源安全有利。生产性技术进步和绿色技术创新对于改善工作条件和行业生产率是必不可少的。宋、马林和王淑红认为绿色技术进步与比较优势之间呈“U”形关系，而市场竞争强度与比较优势之间呈“XJ”形倒立关系。已有研究充分表明，绿色创新对公司绩效产生正向影响。唐明峰、沃尔什·格雷斯、勒纳·丹尼尔等将管理的调节作用考虑在内，提出当不考虑管理层对环境的关注时，绿色工艺创新和绿色产品创新都能显著正向预测企业绩效，一旦包括管理方面对环境的关注，我们观察到，它加剧了绿色过程创新（而非产品创新）对企业绩效的积极影响。卡萨、阿卜杜勒•纳赛尔和辛格•桑杰•库马尔提出绿色创新的概念以及采用绿色产品创新和绿色过程创新相结合的方式涉及减少能源消耗和污染排放、废物回收、资源的可持续利用以及绿色产品设计。张菲菲、张在旭和马莹莹研究表明我国企业绿色产品创新效果明显好于绿色工艺创新，绿色创新效率的增长由技术效率和技术进步共同驱动。

七、互联网企业产品创新的研究现状

随着网络和经济的发展，互联网企业成为新时代环境中重要的参与主体，学界对该主体的研究日渐丰富，当前互联网企业的研究热点主要是可持续发展、商业模式、互联网金融、创业策略等。部分学者从创新价值链角度，对互联网企业创新机制进行探索。学者汉森和伯金肖提出了创新价值链概念，构建了创新价值链三阶段均衡优势模型，认为企业应从创意产生、创意转化和创意传播三个阶段推进产品创新过程，并在三阶段中实现资源均衡分配，最终提高企业创新绩效。白景坤、张贞贞、薛刘洋从创新价值网络角度对平台主体创新活动的组织机制和特性进行研究，提出动态网络特征有利于促进互联网企业的产品创新实现。现有研究将互联网企业创新行为分为五种情况：一是过程创新，指企业在生产过程中不断更新生产资料的组织形式，降低产品或服务的生产、提供成本，从而提高企业绩效的行为；二是产品创新，表现为通过引进或推出全新的产品或服务，快速准确地满足消费者需求，增加用户可选择的产品或服务种类，全面迎合消费者偏好，为用户提供定制化产品和服务；三是纵向产品创新，表现为在相同产品系列上对产品性能和质量的改善；四是横向产品创新，指在原有产品或服务的基础上增加配套产品，以提高消费者用户体验，在此过程中，并不对产品性能或成本进行改善；五是突破式或颠覆式产品创新，表现为完全改变原有的产品形式，进行全然一新的更新换代、技术升级，或推出全新理念的产品或服务。黄牡丹研究认为，互联网金融企业应明确自身的市场定位，找准相应的客户群体，避免同质化产品出现。在企业创新过程中还应建立健全风险防控体系，严格遵守我国法律法规，从而有效推动互联网金融产品创新绩效提升。

从知识创造角度探讨互联网企业产品创新是该领域另一研究热点，其中交互设计和产品语义设计是重要的研究主题。何天平研究提出，应从底层逻辑上实现互联网新闻产品创新，以满足客户需求为目标增强网络产品的易用性和可用性，明确创新理念指导实践创新。同时，提炼并构建适用于互联网新闻业的交互要素模型，进一步促进互联网新闻产品创新绩效提升。唐小飞、张克一、苏浩玄对网络虚拟品牌社区进行研究，提出企业参与知识管理创造的时机、方式、内容都会对创新绩效产生影响。针对有差异性的创新内容，组织采用的差别性的决策行为对产品创新效果存在影响。在用户参与虚拟社区知识创造过程中，组织实施创意组合管理对用户知识创造力和产品创新绩效具有积极作用。

部分学者从虚拟社区与可持续发展视角对互联网企业产品创新进行研究。现如今，各行业企业纷纷建立虚拟社区，以激励客户参与新产品开发，但客户参与创新过程的原因和参与方式仍未得到充分研究。杨阳、李仲秋、苏莹莹对14个制造行业的企业进行研究，提出学习收益、综合收益和享乐收益对用户参与有积极影响。产品易用性增强了综合收益与客户参与之间的积极关系，感知控制增强了享乐收益与客户参与之间的积极关系。徐昭仪、李颖彤、郝柳昌将用户购买行为作为因变量，并在模型中添加了一些新因素，例如感知风险、个人创新和产品认知，作为自变量，并且还添加了消费者性别和经验作为调节变量，从而挖掘对购买行为产生影响的原因。预期工作量、预期绩效、购买意愿、意识和个人创新对购买金融产品的行为具有积极影响，而感知风险不利于消费者购买互联网金融产品。此外，在社交网络中，社交网络好友推荐对提高用户消费积极性有正向作用。随着供应链网络和物联网的深度融合，通过外部绿色供应链集成开发绿色新产品成为企业赢得市场竞争、寻求可持续发展的重要途径。尹石、李柏洲、张晓燕提出绿色供应商整合和绿色消费者整合对绿色产品开发速度、绿色产品开发质量、知识螺旋具有显著的积极影响。与绿色消费者整合相比，供应商整合对知识螺旋、产品开发速度和产品开发质量的影响更大。另外，与绿色产品开发速度相比，知识螺旋对产品开发质量影响更大。最高管理层的环境意识对知识螺旋和绿色产品开发质量之间的关系有显著的调节作用，而对知识螺旋和绿色产品开发速度之间的关系没有显著的调节作用。工业4.0是对由于信息技术的主导作用引起的快速技术进步的响应，信息技术几乎覆盖并渗透到人们经济和社会活动的各个方面。"数字供应链""供应链4.0""数字物流""智能物流"等字眼已在商业中广泛使用。这证明了已将工业4.0理念付诸制造业、贸易活动和物流业，并在满足最终用户需求的过程中通过网络相互联系。同时，这导致供应链结构、组织业务流程和行为产生了质性变化。耶文、波赫琴科、海瓦诺维奇·纳塔利娅研究表明工业数字技术和供应链管理对企业战略制定和运营水平产生较大影响。王文科、曹麒麟、秦莉等深入探索了奇虎360基于"免费和安全"产品的微创新案例，建立了基于不确定环境、企业动态创新能力与创新策略的理论框架，提出提高动态创新能力是维持企业竞争力的重要手段。

在案例选取和研究方法方面，我国大部分研究选取了国外互联网企业的经典案例进行分析，研究方法大多采用案例分析、扎根理论等质性分析方法。中国互联网企业面临的市场环境、消费者需求和发展政策情况都异于西方企业，将西方企业的研究结论完全应用于我国互联网企业的实践过程中会产生一系列问题，而现有文献对中国情境下互联网企业创新机制的研究还不充分。因此，遵循中国管理学的研究范式，依照中国互联网企业的发展情况，结合相关研究结论和理论发展实际，提出符合我国互联网企业发展现状的科学问题，借鉴西方相关理论和成功实践，选取相应的实证研究方法进行分析，成为研究我国互联网企业创新机制的有效路径。

第四章

价值网络与产品创新

一、理论基础与假设提出

（一）理论基础

1.资源基础理论

资源基础理论隶属于战略管理范畴，是领域内具有代表性的研究框架之一，该主张首次形成于学者彭罗斯于1959年推出的著作《企业增长理论》中。1984年，学者沃纳菲尔特发表论文《企业的资源基础论》，该理论被正式提出。在战略管理理论中，组织战略的制定应有利于发挥企业在行业内的发展优势，从而改善经营效果，而组织所拥有的资源是构成企业优于其他主体的要素。这与资源基础理论的主要观点一致：企业是一个具有有限边界的主体，不同类型的资源在其中得以汇总，该有限边界主体的增长原动力来自其内部资源，组织凭借内部资源而非外部环境为组织战略提供基础，是企业竞争优势的来源。资源基础理论的基本假设条件是同一领域（或集团）内的组织拥有或获得的战略资源具备异于其他组织的特性，且这些资源在组织间无法尽数互动和吸收。异质性的本质是企业资源的战略配置是不均衡的，拥有更多有价值资源的企业会具有更多的竞争优势，从而占有更多市场；不完全流动性代表企业资源的固定性，部分资源只归属于某些企业，这些企业因此具有不可替代的价值，从而获取更高的企业竞争力。资源基础理论提出当组织具有优于行业内其他组织的发展能力时，该组织所具有的资源有以下特征：具有某种价值、具有稀缺性、难以被模仿或替代，即VRIN模型。从这个逻辑推断，如果某些企业资源具有竞争优势，且与企业创新活动密切相关，那么这些资源具有较高研究价值，并对组织各方面能力的提升具有直接的促进作用。巴尼在格兰特的VRIN模型基础上构建了经典的资源基础理论研究框架——VRIO模型，将难以替代性这一特性归入难以模仿性，并增加具有更高发展能力的主体的组织性，也就是资源的第四个属性。

资源理论以“资源-战略-绩效”为研究逻辑，将公司竞争战略分析从注重产品定位和市场转向公司内部资源和能力，探讨战略资源对绩效差异和竞争力提升所起的作用。资源观认为组织拥有的有形和无形资源是一个企业在行业内发展情况优于其他主体的主要原因，但并非一切要素都能够为企业带来源源不断的发展优势，因此在企业经营过程中，对于各种具有异质性、稀缺性资源的获得和管理也应成为创新主体的重点关注对象。

资源基础理论强调组织通过异于其他组织的资源获得（能力、知识等）来使自身的经营情况长时间地优于其他企业。巴尼认为资源是能够有效提升组织经营效率、调整发展战略的，由组织所掌控的所有内容，包括实物资源、人力资源和组织资源。莱昂纳德·巴顿提出核心能力是一种知识体系，囊括了技术与知识基础、人力资源、组织价值观、组织发展蓝图这四个维度。在资源基础理论的发展过程中以对组织核心能力的讨论为线索，逐渐发展出“企业知识理论”，明确了知识作为组织资源中最重要因素的作用。企业能力与核心能力在本质上是一种显性或隐性知识，都从属于核心能力的范畴，而支撑企业持续竞争优势的是组织所吸收的隐性知识，组织间产生区别的起因是他们所拥有的知识的不同，企业作为整合知识的机构，其边界是由知识的区别和吸收知识的效率决定的。与多数有形资源相比，无形资源（如知识、企业文化、管理流程等）更难被竞争者模仿，随着信息技术高速发展，企业应建立知识管理和协调的完备机制，通过构建获取无形资源（创新）的能力，来保证组织在不断变化的环境中拥有潜在的异质性资源获取渠道。

对于优势资源的管理获取是资源基础理论关注的重点之一，企业可以通过组织学习、知识管理和构建外部网络的方式来发展企业独特的优质资源。有学者提出，企业可直接使用从专业服务商、增值服务商等外部网络主体处获得的创意，同时对创意进行提升和改造，以获得企业的持续竞争优势。还有学者提出通过分享企业间的资源形成产业联盟，从而获取潜入在企业外部创新网络的资源。综上所述，知识和社会网络是企业重要的战略资源，企业通过嵌入社会网络获得异质性资源，在知识共享和转移的过程中形成自身持续性资源优势。本部分以互联网企业为研究对象，探究网络嵌入行为对产品创新的影响。产品创新是创意产生、应用、扩散并形成异质性资源的过程，互联网企业构建外部社会网络，不仅可以通过知识传递和共享行为增加组织的异质性资源、提升企业核心能力，而且企业还可以通过对共享知识的管理和运用，进行产品创新，构建竞争优势。因此，资源基础理论能够从资源和能力视角为本书对网络嵌入与产品创新间的影响关系研究奠定理论基础。

2.社会网络理论

社会网络概念由英国人类学家布朗提出，该理论形成于20世纪30年代，最早被应用于社会学领域中人与组织的相对稳定关系研究。布朗研究表明人与人间的交往会以网络的形态呈现，社会网络的性质是特有的持久稳定的社会交往关系。到了20世纪70年代，代表性学者威尔曼提出社会网络是由某些主体间的交往关系构成的较为稳定的关系，主体间的协同方式直接影响资源的流动方式及效率，其中社会网络的主体可以是个人、团体、组织等。在新时代的市场环境中，竞争压力使中小企业纷纷主动追逐外部网络中的异质性资源、产品或服务，并嵌入由企业、竞争企业、消费者等其他利益相关主体互动活动所产生的价值共创网络中，以获得持续性竞争优势。消费市场中企业和消费者不仅仅是买卖双方的关系，更是网络利益相关者的关系。随着学者们研究的不断深化，社会网络理论逐渐吸收人类学、心理学、社会学等理论的内容，形成了一套拥有完整系统的理论体系，为组织管理、网络间主体交互、资源流动等方面的研究提供重要的研究范式。社会网络理论的三大核心理论是社会网络强弱关系理论、社会资本理论和结构洞理论。

第一，社会强弱关系理论。社会强弱关系理论从网络结构角度对社会关系形式进行阐释，认为个体、组织间的联结是一种自然存在的社会结构关系，这种关系是客观存在的，不受主观意识影响，对内嵌在关系中的主体产生重要影响。社会强弱关系理论的创始人格兰诺维特认为社会网络中主体间的联结关系分为“强关系”和“弱关系”，研究发现强关系联结下的流动资源具有高重复性，由于强关系中的主体处于具有相似资源的同一阶层，交换的资源信息大部分是冗余资源，具有结构化的特点。而弱关系联结下流通的信息和资源具有高度异质性，为企业带来具有重要价值的潜在资源——信息优势，使弱关系成为传递创新性信息的跨组织边界的重要渠道。从信任机制角度来看，强关系联结需要交互主体间具有较高的信任度，联结者往往通过多次合作产生信誉和彼此信任心理，因此交流而得的信息具有真实可靠性。信任体系建立程度较高时，弱关系联结是企业或个体信息获得的主要渠道。低信任度文化和法律体系不完善时，强关系联结成为信息获取的主要渠道。强弱关系理论从网络结构、社会结构等角度对组织进行研究，促使组织利用网络的优势获取更多资源，并关注弱联结中的异质性资源和强联结中的价值共创行为。

第二，社会资本理论。社会资本理论由布卓尔于20世纪80年代提出，他认为企业可以通过占有和利用社会网络获取资源。社会学家林南对学者格兰诺维特的强弱关系理论进行修正，并提出创新性的社会资本理论，提出了地位强度、弱关系、位置强度等社会资本的三大假设，认为社会资本存在于社会网络中，社会网络关系越复杂，网络中主体所占有的资源越多，从而增加信息交流的频率，提高网络主体成员的发展机会。社会资本从接触和运用嵌入性资源两方面提升企业在网络中的地位强度，企业所占有的位置越高，其获得的资源优势越强。随着研究的深入，逐渐衍生出资源观、能力观和网络观三种不同视角对社会资本理论的阐释。资源观认为个体或组织间的关系是一种社会成本，可以通过利用主体间关系获取资源；能力观认为主体间关系强弱导致企业获取社会资本的水平存在差异；网络观认为社会资本是一种可持续的稳定的合作关系网络。这三种观点的共同点是都意识到企业应高效利用存在于社会网络中的社会资本，以实现价值共创和企业核心竞争力的提升。

第三，结构洞理论。伯特在弱关系理论基础上，整合结构主义观点，提出了“结构洞”理论，认为社会网络参与者之间由于直接或间接的联系而形成整体的洞穴，社会网络虽然可以带来信息和资源的收益，但不是任何网络都会产生优势效应，网络必须具有一定特点才能发挥信息优势，即网络必须存在结构洞特点才具有资源配置和信息传递的特性。任何主体构成的社会网络关系都体现为“无洞”和存在“结构洞”两种模式，无洞结构代表社会网络中的每个主体与其他主体间具有不间断的联结，除此之外的主体不能与其他主体发生直接联系，这就产生了“结构洞”。结构洞的存在为网络中一些主体提供连接结构洞两端的机会，获得最新信息和异质性资源。主体连接结构洞的过程是实现资源配置的过程，也是嵌入在社会网络中的企业主体由于异质性资源的获得而提高持续性竞争力的过程。研究表明，拥有较多结构洞的主体能够接触到更多互不相连的伙伴，处于结构洞中心的主体在社会网络中起到连接的作用，有利于获得完全不同于其他组织的资源和信息。

社会网络理论研究的是企业在内嵌于社会网络过程中与其他经营主体的关系和嵌入结构对竞争优势的获得和经营行为产生的影响。合作网络是企业的社会资本，强调了网络关系的重要性，嵌入在社会网络中的企业通过获取异质性资源和信息进行创新活动，从而获得企业竞争优势。然而，在文献梳理过程中发现，组织的嵌入行为对产品创新的作用机制研究比较缺失，本书结合社会学和管理学的观点，以社会网络理论为依托，从网络嵌入行为出发，通过理论梳理、提出假设和实证检验的逻辑过程研究组织嵌入对产品创新的作用机制。互联网企业发展对创新性要求较高，而异质性资源较为匮乏，往往会加强企业间合作形成资源互补，通过构建外部合作网络实现信息交流和资源梳理，从而使组织自身的盈利情况保持优于他人的状态。社会网络理论从人类学和社会学逐渐向管理领域渗透，成为解释企业合作过程中主体间结构关系及其对经营行为的影响的有力理论工具。尤其是社会网络理论中的强弱关系理论和结构洞理论，为本论文从结构性嵌入、关系性嵌入角度对产品创新的影响进行探索提供理论支撑。

3.知识吸收能力理论

根据资源基础理论，知识能够有效地帮助企业在领域内持续领先并获得竞争优势。在互联网生态集群逐渐形成的过程中，企业资源的获得、成本的耗散、利润的抽取都越来越依赖于高效有序的协同网络。研究表明，协同网络产生作用的主旨是知识的流动，知识吸收是提高网络主体创新能力、提升主体竞争力的重要因素。随着知识资源在互联网企业发展中所充当的角色日渐重要，协同网络间的知识吸收能力和知识管理研究成为管理和组织战略发展的研究热点之一。

知识作为协同关系网络中最重要的资源，其内涵和理念是相当丰富的。研究者认为，互联网企业在经营过程中对知识资源的运用往往依照“知识产生、知识收集、知识管理、知识内化”的逻辑进行，由此可见，知识转移是企业知识资源运用的高级阶段，是协同网络主体间在知识发送和接收过程中所产生的经验传播过程，也是企业经营者对该经验的内化、运用、创新的过程。提斯首次提出了知识转移观点，认为知识共享和知识吸收通过企业间的技术转移来实现。吉尔伯特和科迪·海斯认为知识转移产生的原因是企业内部的知识存在高低不同的“势差”，知识在传递过程中充当着“公共品”角色，其具有的“溢出效应”使得处于商业生态圈和协同共生系统中的企业创新效果不同。知识外溢的作用一旦被企业高效利用起来，会极大地增强企业创新能力。而知识转移就是这些被高效利用的外溢知识的来源，要实现有效的知识转移和吸收，必须经过一系列的逻辑过程。根据已有文献，知识吸收能力对知识转移、企业绩效、组织学习等产生重要影响，具体来说对企业内部创新程度、战略灵活性和财务水平都有提升作用，因此培养企业的知识吸收能力有助于促进企业发展。知识吸收能力作为一种动态能力，产生于企业获取和利用外部信息的过程中，通过影响企业内部利用和知识转化能力来进一步影响企业竞争力。企业在经营发展过程中首先要进行知识接触，然后分析寻找自身所需要的知识并将其内化，最后通过对知识的管理使其成为可以自主运用的资源，最后达到影响企业创新能力的目的。其中，开发的重点是将知识转化为新产品。知识吸收能力帮助企业探索新的知识来源，确保新获得的知识可为企业所用。由此可见，知识吸收能力对企业创新具有一定程度的影响。

复杂动态的环境和日益增长的用户需求促使企业产品创新和战略变革，大量学者从资源基础观和组织学习理论角度提出企业内部的知识状态对产品创新和企业竞争力具有较大影响。网络视角下，知识吸收能力决定了合作主体间的知识传播效率，知识吸收能力更强的企业更易于从网络关系中获取资源，从而提升自身的企业竞争力。已有文献表明，知识吸收能力在很大程度上影响了组织创新活动，因此本书选取知识吸收能力作为网络嵌入与产品创新关系的调节变量。一方面，动态的网络关系能够向创新主体提供具有异质性、高价值的知识资源，同时对创新主体间的知识协同关系和螺旋效应产生影响。而知识吸收能力决定了创新主体依照自身战略规划进行创新活动的最终收益，因此，在知识获取、转化、同化和利用的过程中，知识吸收能力的强弱直接影响了网络创新主体将所获取到的知识转化为自身可利用的资源的效果，同时形成了网络嵌入与协同创新的紧密联系。另一方面，社会网络理论视角下的网络嵌入构成维度为结构嵌入、关系嵌入和认知嵌入，其中关系强度、密度、网络主体间相互信任程度、网络中心性等因素皆与知识交换、同化、共享维度相符合，在一定程度上与知识吸收能力有关。因此，在知识吸收能力的连接下，网络嵌入与企业产品创新行为具有直接联系，且具备改变相互之间作用强度的关键作用。由此可见，将知识吸收能力作为调节变量考虑对于分析网络嵌入对产品创新的影响机制研究是至关重要的。

4.共生理论

共生理论最早由德国生物学领域的学者德贝里提出。共生指的是不同物种之间存在除竞争以外的相互依赖关系，在相互依存的过程中双方都能提升自身的生存能力，共生的意义不仅仅是共同存在，而是一种双赢的状态。生物的共生现象分为偏利共生、偏害共生和互利共生。20世纪中叶以来，共生的概念范围不断拓展，逐渐渗透到经济管理领域，成为研究经济主体、网络间企业互动共存、协同演进的基础性理论。在管理领域，企业主体间的沟通互动、协同依存行为即为共生。20世纪80年代，社会科学理论的共生领域框架已基本形成，有学者认为企业间的共生包括共生单元、共生模式和共生环境三个要素，也有学者研究表明共生单元、共生基质、共生界面和共生环境是组织间共生的要素。网络中的企业、供应商、服务商等作为共生单元不断发生协同互动、价值共创等共生，通过共生界面进行知识、信息等资源的传递和交换，产生共生能量，最终实现企业创新行为。

从价值网络角度来看，互联网企业在发展过程中逐渐呈现创新生态系统的趋势。创新生态系统的概念来源于生态学，是不同物种间相互协作、互利共生，以实现双赢的组织，在商业领域，这种协作关系体现在共同演化和合作经营中。互联网企业作为异质性资源特征较强的组织主体，易存在资源、技术缺口较大的“木桶效应”，信息不对称和资源获取渠道稀少成为互联网企业发展的阻碍，创新生态系统中的共生极大地弥补了这种不足。共生主体间形成利益共同体，通过依赖、协同等关系形成短期或长期的共生关系，拓宽资源和信息的获取渠道，弥补企业间资源差异化问题，以达到动态平衡和协同发展的目的。互联网企业的产品创新是通过捕捉创意，最大程度迎合消费者需求以提升企业经营绩效的过程，商业生态系统网络间主体的共生关系有利于发挥网络的双边效应，使网络间主体实现双赢。已有研究表明，共生能够促进企业创新活动的发生。因此，共生理论是本书的理论基础之一。

（二）提出假设

1.网络嵌入对产品创新的影响假设

基于资源基础理论，技术、资源、机会、网络关系都是促进企业产品创新的要素，网络嵌入是一种异质性战略资源，是企业获取新信息、新想法和新机会的重要工具，在组织的创新中起着桥梁作用，是组织获得竞争能力的根本方式。在已有的研究中，学者分别从合作伙伴创新程度、重复接触的作用、知识吸收能力等视角对网络嵌入影响产品创新的机制进行了分析，得出企业及合作主体间的直接、间接、交叉重叠关系都会对企业产品创新产生影响的结论。此外，合作网络的建立有利于产品开发成本的降低和商业机会的增加，网络主体的嵌入行为更有利于技术、信息、渠道等关键性资源的获得，这些基础性资源的流入和共享使产品创新进程加快。由此可见，网络嵌入是企业产品创新的重要前因变量。

（1）结构嵌入对产品创新的影响

互联网企业是受产业集群和网络效应影响较大的产业，结构嵌入指互联网企业主体嵌入产业价值网络所处网络位置、网络开放型程度、网络密度等决定企业资源获得程度的方式。网络主体间交流、互动和联系的模式和特征都属于结构嵌入的范围，企业嵌入价值网络的结构性特征能从多种渠道，不同程度地为企业提供异质性资源和能力。结构性嵌入的多样性使得组织能够拓宽信息资源的来源渠道，在网络中中心度越高的企业更能够进行有效的资源和能力开发，减少资源获取成本，从而提高组织主体的经营、发展能力。

第一，网络规模对产品创新的影响。网络规模是指网络中连接实体的数量。根据以往的研究，许多学者表明，企业的网络规模越大，企业的主体越接近网络中的供应商、竞争对手、增值服务提供商和消费者等相关供应商。企业获得知识、技术、信息等资源，增加了企业为消费者提供服务的机会，进一步提高了企业产品创新的绩效。有学者提出网络规模和网络密度都能够有效提升企业的创新效果。在价值网络中，拥有更多社会关系的企业往往意味着更具有识别客户需求、实现精准定位的优势，有利于创新机会发现和快速创造新价值。此外，拥有较大交际圈的企业通过与不同主体合作联结，有利于获得更多知识源，实现企业间知识流动和共享，及时获取更多信息，从而实现跨界成长，形成商业生态系统协同创新局面。

互联网企业属于创新型企业，需要技术、信息、异质性知识等资源支持产品创新，互联网企业通过发展网络社会关系形成产业联盟，以实现劳动资源、物理等方面的最佳利用，获得企业竞争力。首先，对于互联网企业来说，更大的网络规模意味着更多的合作伙伴和更多的资源，有利于联盟伙伴间知识共享和资源整合，获得互补性信息和知识，接触和捕捉更多的研发灵感和经营创意，为企业产品创新提供新思路。其次，合作企业间能够实现互惠互利，增加产品和服务流通的渠道，提高交易效率，为产品创新研发提供资源保障。最后，联盟企业间能够在经营过程中实现经验借鉴、共同成长，缩短产品创新周期。

第二，网络中心性对产品创新的影响。国内外学者研究表明，网络中心性作为研究结构嵌入的指标，不仅能够定位企业主体在网络中的地位，而且在某种程度上更加充当了衡量企业重要性、地位及声望程度的标准。企业网络的中心性越高，企业的权力地位越高。网络中心的企业比其他企业具有更强的话语权和控制权，享有更高的资源，更快的知识流动，更高的创新效率。具有高度中心性的企业可以在网络资源的配置中发挥主导作用，同时也可以利用自己的优势促进网络上的创新活动。卡迪等的研究发现，处于网络中心位置的主体处于信息和知识流动的必经之路上，对于信息和知识的控制优势有利于价值创造决策。

作为一种新兴的经济发展模式，互联网企业对研发技术和异质资源的需求量很大。有价值的新信息、新知识和新资源对互联网企业产品创新至关重要。网络中心是知识、信息等资源流动的唯一途径。企业在网络中心可以获得更多有价值的信息，有利于企业经营机会发现，也可以使企业捕捉更多的研发灵感和经营创意。从网络结构角度来看，处于中心地位的企业具有地位优势，能够接触更多的网络成员，并与之构建联系，从而更易于获得有价值的知识和资源。此外，通过自身的中心性，企业主体易于与更多企业形成联盟关系，减少资本流通成本，实现能力、资源互补，提高创新效率，实现价值共创。

第三，网络异质性对产品创新的影响。网络异质性指具有知识距离和知识差异的合作伙伴为价值网络中主体提供种类丰富的非冗余性知识。企业产品创新的来源主要是资源的获取和重组，所以异构网络是知识多样化的重要源泉。随着企业外部网络中组织主体数量的上升，取得异构网络资源的比例也将持续增加，这有利于企业新创意、互补性技术和非冗余性知识的获取，这些资源要素都能够有效促进企业产品创新的进行。从文化异质性来说，企业接触不同文化背景的合作伙伴，吸收与自身不同的优秀企业文化，有利于组织约束及灵感获得，有利于凝聚组织内部人员，树立企业形象，提升品牌价值。从行业异质性来看，不同行业间企业具有技术异质性，与不同行业企业结盟有利于互补性知识、信息的流动和吸收，实现跨界成长。从地域异质性来看，与异地企业交流合作，有利于拓宽市场渠道，帮助企业主体实时掌握外部需求变化，创造新价值以满足客户需求。企业过度依赖同质性网络中企业的信息交流易提高知识刚性，禁锢企业发展。

互联网企业是对知识需求较高的创新主体，对新灵感、新技术和创新资源的要求较高，而知识差异性小、技术型人才缺乏和资源缺口会制约企业的多方位发展。在这种情况下，互联网企业往往通过跨领域、跨地理边界和认知边界与企业主体、政府、科研机构、增值服务商等进行合作，以实现产品创新。处于异质性网络中的合作伙伴表明其在文化、认知、技术、资源等方面与企业主体具有较大差异，企业获取不同资源和能力，才能将客户需求挖掘到极致，解决自身的知识定性和惯例规定，从而实现产品创新。综上所述，网络异质性能够对互联网企业产品创新产生积极作用。

综上所述，提出假设H1：结构嵌入与产品创新正相关。

（2）关系嵌入对产品创新的影响

关系嵌入指价值网络节点中的企业主体间互动、信任、交流等关系对企业主体获得高质量资源的决定程度。在开放式创新背景下，网络中的企业与合作伙伴通过跨企业、行业边界进行知识共享和组织合作，从而实现价值共创，这有利于企业进行产品和商业模式创新。合作伙伴间的关系质量和关系强度会对产品创新产生不同影响，良好的互动互惠关系对不同类型的产品创新产生促进作用。社会网络的关系嵌入使网络主体间形成资源共享意识，实现深度交流和信息交换。现如今，中国正处于传统经济模式转型时期，互联网企业的多种营销模式出现，企业内嵌于价值网络中的合作关系对于加速企业创新具有推动作用。关系嵌入影响网络主体间资源共享程度，进而影响企业交流和信息交换的质量。通过深度交流和互动，关系性嵌入有利于获得隐性知识，提升变异感知能力和信息诠释能力，从而提高企业产品创新绩效。对于互联网企业而言，需要大量异质性资源和信息来支持企业产品创新，网络的关系嵌入为企业主体提供合作伙伴协作和交流互动，高质量的信息交流能够有效地增强企业间信任，拓宽互动渠道，降低创新成本，促进隐性知识共享，从而实现高效率的产品创新。

第一，关系质量对产品创新的影响。关系质量是衡量企业与关系网络中其他主体的互动、交流效果的指标，良好的关系能为合作双方加强信任联结和情感认知基础，有利于企业主体获得创新所需的异质性资源和最新的市场信息。关系质量的根本性决定因素是信任，合作伙伴间长期的高质量合作交流有利于形成信任文化的构建，提升主体间信息交流效率，缩短创新周期。

产品创新是互联网企业创新行为发展的重中之重，是企业为用户提供需求解决方案的主要手段，也是企业在市场中的立足之本。基于信任、高满意度和高有效性互动的合作关系有利于促进互联网企业产品创新。首先，高质量的合作关系有利于增强主体间的交流意愿。信任、理解、承诺和认知满意度是关系主体间形成稳定性合作的基础，这些因素能够有效减少合作中的冲突和障碍，降低道德风险和机会主义。高质量的合作关系有利于提高异质性资源获取效率，降低产品创新失败的风险。其次，提高合作质量有利于模糊企业边界，吸引不同行业领域、不同地域的合作伙伴，逐步扩大企业的情感认知范围，为互联网商业系统注入新鲜血液，为本行业提供新用户需求和市场动态，为企业提供新产品开发创意和全新的经营思维，有利于突破式创新的形成。最后，高质量网络关系有利于打破知识保护壁垒，促进知识的深度流动和共享，从而推动隐性知识的扩散，提高知识转移效率和吸收能力。

第二，关系强度对产品创新的影响。关系强度代表着企业与合作伙伴之间互动交流、沟通合作的频率和联系紧密程度。首先，合作主体间的强关系有利于为企业产品创新提供新创意。在互联网商业生态系统中，顾客、供应商、第三方机构是构成企业价值网络的重要节点，顾客与企业间的交流互动越高，越有利于企业及时了解用户需求，为客户提供问题解决方案。供应商是处于价值链上游的活动主体，企业与供应商的频繁互动有利于企业及时获得商业信息，实现资源战略升级。企业与高校、科研院所等第三方科研机构的强关系联结有利于借助相关科研研究成果，产生知识溢出效应，实现显性知识转移，为产品、服务和商业模式创新提供新的创意。有学者研究表明，强关系联结有利于隐性知识转移，有利于渐进式产品创新的实现；弱关系联结具有非冗余性特征，能带来新颖和多样化的信息，有利于显性知识转移，有利于突破式产品创新实现。其次，合作主体间的关系强度代表着关系稳定性的强弱，强关系联结降低了企业合作伙伴的机会行为，提高了企业获取优质资源的效率，为企业顺利实现产品创新提供保障。关系稳定性有助于加强企业间信任，信任能有效降低成员间的监督成本，增强合作双方的协同意愿，巩固合作关系，促进成员协作，网络成员间较高的信任度有利于深度挖掘互补性知识，提高资源共享效率。有研究表明，强关系联结表明企业与创新网络中其他成员间的互动交流频率较高，有利于企业获得创新信息、知识和技术，形成具有稳定性合作关系的企业主体，有更高的企业创新绩效。最后，强关系联结有助于提升协同性。互联网企业产品创新不仅需要市场的最新信息和技术知识，而且要求异质性和互补性资源的协调辅助。企业在产品创新的过程中，战略调整和组织变动可能对相关利益者造成影响。而合作网络中的强关系联结有利于增进对合作伙伴的了解，形成合作伙伴间的情感认知，建立信任机制，有效发挥“1+1＞2”的协同效应，从而减少资源管理成本，提高交易效率，进一步促进产品创新的实现。

综上所述，提出假设H2：关系嵌入与产品创新正相关。

（3）认知嵌入对产品创新的影响

认知嵌入表现为嵌入主体与合作伙伴间形成共同认知、企业价值观和共同经营观点等，在共同的认知范式下，企业进行高效的资源交换和组合，有利于提高企业创新绩效。一方面，互联网企业合作网络的形成为合作伙伴创造了具有共同情感认同的创新文化氛围，形成一致的经营观和价值观。在某种程度上，合作伙伴间的共同价值观和共同语言有利于降低企业间接触难度，提高信息获取能力。反之，具有差异性的经营认知和创新法则容易造成合作伙伴交流限制和背离。另一方面，从社会网络理论来看，网络嵌入构建共同的价值创造意识和企业家精神，降低了机会主义的比率，增强了信任和理解，进而对企业产品创新产生积极影响。研究表明，网络间合作伙伴在共同认知的条件下使沟通互动处于熟悉的环境中，这对异质性知识尤其是隐性知识的共享具有促进作用。

此外，有研究指出，过度的认知嵌入对企业创新绩效能够产生反向促进作用，过高的认知性使合作伙伴形成单一的认知模式，难以吸收新资源和信息。通过大量的文献分析，本书认为网络的认知嵌入对企业产品创新具有推动作用。

综上所述，提出假设H3：认知嵌入与产品创新正相关。

2.网络嵌入对共生的影响假设

随着企业创新呈现网络化、开放化的趋势，网络主体间出现类似生物群体的共生。共生理论中共生指网络关系中企业主体与其他共生单元进行的一系列沟通互动、资源共享、价值共创等行为的集合。在价值网络中，消费者、专业服务商、增值服务商、供应商等主体都称为共生单元，共生的实质是共生单元间进行知识流动和共享、互动合作、产生共生价值的行为，并进一步促进组织的创新行为。在共生的过程中，企业通过共生界面与合作伙伴实现资源共享、知识流动等互动行为，目的是产生共生能量以推动创新。共生界面和共生能量的差异决定了资源的流通渠道和信息、知识质量，进而影响企业共生。

（1）结构嵌入对共生的影响

网络规模、网络中心性和网络异质性都与共生有关。首先，价值网络规模决定着共生单元的数量，网络中共生单元的数量越多，与企业主体产生合作关系的伙伴就越多，共生基质就越丰富。互联网企业价值网络具有显著的双边网络效应，即处于价值网络中主体通过合作，使双方效益都得到提升，实现双赢，随着网络中汇集的主体越多，创造的效益越多，从而吸引更多的合作伙伴进入价值网络中。共生基质指合作伙伴形成共生的资源、信息、知识等基础性资源条件，是共生发生的前提。随着网络规模的扩大，共生基质大幅增加，意味着价值网络中蕴含的资源和信息规模壮大，有利于企业主体吸收有用资源，弥补自身资源不足，从而促进共生。网络中心性是从位置角度对组织行为进行分析，网络中心性越高的组织越处于中心地位，这些企业拥有更优越的共生界面，即拥有更多的资源获取渠道和知识吸收能力，丰富的共生界面有利于企业在知识吸收和资源整合过程中更具优势，并占据主导地位，有利于制造更多共生能量，从而推动共生的发生。网络异质性是用来表征网络成员差异化的重要指标，成员间差异化表明网络所蕴含的知识、信息、资源等具有较大差别，根据资源基础观，资源尤其是难以模仿和替代的资源对企业成长过程中的协同能力具有重要作用。网络异质性程度越高，网络中资源多样化程度越高，企业对用以提高协同共生能力的外部资源需求越高。互联网企业自身所拥有的资源与他人不同，表明组织主体有机会与不同类型、地域、行业的组织合作，并通过不同渠道获取资源和知识。价值网络中的异质性资源有利于企业弥补自身资源缺陷，准确把握市场动向、行业趋势、顾客偏好等情况，即网络异质性能为企业间共生提供资源基础。

综上所述，得出假设H4：结构嵌入与共生正相关。

（2）关系嵌入对共生的影响

从交易成本角度来看，网络关系中的企业协同合作能够有效降低资源、信息等创新要素的获取成本，从而促进企业协同创新。我国的关系型社会注重对合作伙伴间关系的管理，关系特征分析的重点是网络中企业主体与合作伙伴沟通协同的性质和频率等特征。作为一种正式性制度的补充，对网络关系的研究有助于弥补企业由网络外部环境、政策、市场需求等带来的信息不对称和不确定性，对组织协同发展、信息流动、资源互补的共生具有重要影响。学者们通常从关系质量和关系强度两方面对关系特征进行分析。关系质量衡量了网络关系特征，反映了网络成员彼此间沟通协同的意愿程度。信任是关系质量维度中的核心维度，也是共生的介质，拥有良好的信任意味着合作伙伴间联结性较强，减小了共生阻力，提高了合作主体间沟通互动和资源传递效率。网络关系的嵌入通过共生界面拓展使共生介质得以丰富，使得企业可以以多种合作形式实现协同发展，为合作双方提供了多样化的创新资源，从而产生高效的共生。关系强度是合作伙伴间共生效果的重要影响因素，合作伙伴间沟通频率和密度对共生效果产生影响，关系强度越高的合作伙伴沟通次数越多，沟通内容越全面，彼此间更易产生情感信任和依赖。具有高频率沟通协作的合作伙伴间的企业文化和经营价值观往往相似，彼此间更具有情感认同感，从而高频产生大量有效的共生能量，促进共生活动的进行。

综上所述，提出假设H5：关系嵌入与共生正相关。

（3）认知嵌入对共生的影响

网络的认知嵌入强调企业与网络组织中其他主体的共性认知范式。在网络认知范式下，网络主体间合作代表着企业间拥有更多的认知规范和共同语言。在某种程度上，彼此间的共同语言有利于提高企业获取信息的能力和知识吸收能力，降低网络行动者之间的信息不对称性和交易不确定性，有利于进一步降低企业间沟通障碍和沟通成本，从而达成协同和共生的目的。从另一角度讲，网络组织间共同的价值观能够使彼此处于相同的背景下进行资源的交换和重组，网络主体间的相互认知使得他们在熟识情境中沟通交流，这有利于隐性知识的传递，从而提升协同能力和创新绩效。在创新网络合作过程中，拥有共同价值观、企业文化和发展愿景的网络主体间会更易于发生资源交流和协同合作行为，在增强信任的同时减少误解，从而提高诚信合作活动的发生概率，强化合作绩效。

通过以上分析，本书认为网络主体在协同共生中非常注重认知性嵌入网络构建，较高的认知性网络嵌入有助于促进合作主体间的共生发生。

综上所述，提出假设H6：认知嵌入与共生正相关。

3.共生对产品创新的影响假设

从发展过程来看，互联网企业的产品创新呈现着从简单线性的技术推动型向系统集成与网络化演变的发展方向，企业的产品创新行为不仅仅表现为自主创新或合作创新，更深层次地发展为共生。共生单元数量越多，表明网络组织的协同共生效率较高。共生界面扩展较好，说明企业对平台建设的战略意识较强，有利于共生介质的培养，有利于网络主体寻求资源互补的合作伙伴，提高市场敏感度，更有利于网络主体与其他主体进行合作，以提升创新能力。共生能量分配较好，表明企业主体在知识传递和吸收方面的阻力较小，资源共享效率较高，隐性和显性知识吸收能力较强，从而获得资源竞争优势，提高产品创新绩效。

企业产品创新是在原有产品基础上的不断迭代，对迭代过程中发现的问题进行解决，从而达到对企业产品进行小幅度创新的目的。产品创新不仅体现在根据已有资源、技术和既有产品和服务的基础上的创新形式，还有对自有的营销方法和输出机制的改良拓展。因此，在网络主体的共生关系中，资源的共享和知识的转移吸收促进了企业的技术升级，在合作伙伴的协同下，在已有产品的结构上优化和改善生产流程，增加产品的运营渠道。协同伙伴为组织主体提供的市场信息降低了交易成本，更好地迎合消费者需求。突破式创新是一种战略性创新，是一个组织的产品或服务从无到有的过程，在没有基础和战略方向的条件下，与渐进式创新相比更难以实现。这种特点导致了在突破性创新的过程中可能出现更多障碍，需要更多资源进行支撑。进行突破式创新的首要条件是知识多样化和技术条件成熟，而网络组织中的共生有利于显性和隐性知识的传递，在知识交叉的过程中实现跨领域重新组合，融合产品创新所需的技术，实现知识层次的创新。其次，突破式创新需要进行战略定位，将市场机会和自身能力相结合成为产品创新的重要前提。共生的基础是合作伙伴间共同的经营理念和价值观，主体间的市场信息交流和渠道共享有利于企业产品创新战略定位的明晰和资源的协调。最后，突破式创新要求组织的内部管理和经营方针有较大创新。合作伙伴间的协同共生有利于降低组织间的沟通成本，利益相关方的资源协调和相互信任为企业开发新产品提供基石，合作伙伴间的隐性知识传递为创新活动提供先决条件。

综上所述，提出假设H7：共生与产品创新正相关。

4.共生对网络嵌入与产品创新关系的中介作用假设

（1）共生对结构嵌入与产品创新关系的中介作用

网络组织为企业产品创新资源整合创造静态的外部环境，而共生则为网络主体间的协同行为提供动态优势。共生是协同行为的深层表现，共生表现更好的企业意味着协同能力较强，更有利于企业实现产品创新。网络结构嵌入是显性和隐性知识传递吸收的基础，为共生能量的有效分配创造条件，有利于企业资源合理分配，增加资源丰度，促进技术资源扩散，从而提高企业产品创新绩效。当企业网络结构嵌入不同时，对企业的资源整合及协同共生能力产生不同影响，进而影响到企业产品创新。网络规模越大，表明处于网络关系中的联结节点越多，越有利于拓宽资源获取渠道，可利用的资源就越多样化；网络异质性越高，网络中合作主体类型越多样，越有利于企业主体从消费者、增值服务商、专业服务商、科研机构、政府等主体处获得差异化、具有互补性的资源和信息；网络中心度越高，占据结构洞越多，在网络中所处的位置越优势，从而拥有稀缺、非冗余资源的可能性越高。由此可见，网络规模越大，自身所获得的资源与其他主体的差异越大，越占据合作关系中的有利位置，越拥有更多的网络权力，从而越容易获得更多有利于企业发展的资源和信息，充实共生能量，越有助于提高合作伙伴间的共生能力。互联网企业通过结构嵌入提升协同和共生能力，进而提高资源多样性，正确感知市场并迎合客户需求，将不同合作伙伴的新理念和知识融入产品创新中，对原有产品进行渐进式创新，对技术进行深度学习，实现突破式创新，从而实现价值增值或创造新价值。

综上所述，共生在结构嵌入和企业产品创新之间起着一定的衔接作用，提出假设H8：共生在结构嵌入与产品创新的关系间起中介作用。

（2）共生对关系嵌入与产品创新关系的中介作用

关系嵌入的重点是合作主体间的关联情况，以合作伙伴间相互信任的程度和互相首肯作为衡量体系，通常以关系的内容、方向和强度作为衡量标准。信任、资源共享和互利协同是关系嵌入的三个维度，同时也是共生的前提条件。信任是企业主体嵌入关系网络的前提条件，当企业主体信任其合作伙伴时，企业不会利用合作关系和自己的弱点谋取利益。共生是在高度信任的基础上发生的，在信任的条件下，合作双方实现关系嵌入的第二个因素：资源共享。首先，组织由关系嵌入产生的共生有利于获取信息资源，组织在经营创新活动中不一定成功，其中信息不对称是组织创新失败的主要原因。较高的市场走向和客户需求判断能力和市场信息获取能力，敏锐的市场变化察觉能力，充分利用各种资源收集市场信息并进行高效处理，都有利于企业在发展过程中保持持续的竞争力。在以往的研究中发现，多数组织借助网络关系参与全新范围内的市场并获得成功，原因在于这些企业充分利用自身的网络关系获取市场信息、准确把握市场动态，在对资源进行有效整合后在网络中获取较高中心性，获得位置优势。关系嵌入使企业在资源集合中易于获得信息资源，为共生提供资源前提。其次，企业由关系嵌入产生的共生有利于获取知识资源。资源基础观认为知识是组织运行不可缺少的要素之一。知识的传递有利于企业共生的进行，更多的关系主体有利于显性知识的传递，密切、稳定的合作关系有利于隐性知识的传递。企业通过关系嵌入进入合作网络的目的是获取其中的制度和技术知识，组织的潜在合作伙伴越多，关系越密切稳定，越有利于其知识获取，从而对组织主体与其他合作主体的共生活动有促进作用，使得组织的创新活动顺利推进。最后，企业由关系嵌入产生的共生有利于获取声誉效应。从信息传播视角来看，声誉具有信息传递作用，声誉在不同企业主体之中形成并传递的过程中降低了自身的损耗，降低了企业间的交易成本，使企业间更倾向于协同共生和互惠互利。

综上所述，提出假设H9：共生在关系嵌入与产品创新的关系间起中介作用。

（3）共生对认知嵌入与产品创新关系的中介作用

网络嵌入研究发现，认知嵌入使企业间趋向于形成相近价值观、企业文化和经营理念，对于降低沟通成本、减少机会主义合作具有积极作用。首先，企业间形成相近价值观和社会定位有助于获取合作伙伴的彼此认同感，从而减小沟通难度，突破沟通壁垒，在企业社会定位和社会责任方面形成共识，从而使共生协调性更佳，有利于显性知识的有效传递，促进企业共同成长和创新活动的开展，稳定的合作有利于企业主体进行产品创新。其次，认知性嵌入形成的相近经营理念有助于提升合作伙伴的创新意识、创新精神，促进合作伙伴间的互相影响，促进显性和隐性知识的传递，增强信任和理解，充当企业间合作共生的润滑剂，形成共同的创新标准和创新共识，充分的信任促进隐性知识的交流，有助于突破型技术的输入，从而发起产品创新。最后，网络认知嵌入所形成的相近企业文化和企业家精神使企业发展特色具有相似价值观和理念，使合作伙伴间沟通壁垒和机会主义合作行为减少，使共生协同行为更同步，促进产品创新实现。

综上所述，提出假设H10：共生在认知嵌入与产品创新的关系间起中介作用。

5.知识吸收能力的调节作用假设

（1）知识吸收能力对结构嵌入与产品创新关系的调节作用

知识吸收能力是企业对外部信息的获取、消化、吸收的能力，是内化外部知识的能力。学者们将知识吸收能力作为企业获取竞争优势的重要源泉，是研究企业创新绩效和知识管理的重要因素。有学者认为企业的学习能力和问题解决能力是衡量企业知识吸收能力的重要维度，也有学者沿用科恩和莱文塔尔的观点，从识别外部知识的能力、消化知识的能力和转换应用知识的能力三个层面来理解企业的吸收能力，认为知识吸收能力能对创新产生影响。知识吸收能力对于提高企业产品创新绩效具有调节性作用，扎赫拉等认为，有效地提高知识吸收能力有利于形成稳定的内部知识结构和体系，从而提高企业创新绩效。扎赫拉和乔治将知识吸收能力分为潜在吸收能力和现实吸收能力，这两种取得知识的能力和转化、利用知识的能力都会对企业的创新活动和竞争优势获得产生影响。除此之外，有更多的学者们基于社会学视角提出网络位置对知识吸收能力产生影响，认为企业自身所处的网络位置会对企业资源获取和利用产生影响。从结构性联结的角度来讲，知识吸收能力决定了知识资源在网络中转化的程度和利用效率，这不仅对创新主体间的知识共享程度产生影响，而且可以通过改善知识异质性程度和知识资源保有量来提高创新主体的中心度和整个网络结构。

综上所述，提出假设H11：知识吸收能力在结构嵌入对产品创新的影响中具有调节作用。

（2）知识吸收能力对关系嵌入与产品创新关系的调节作用

网络结构理论指出，网络嵌入的核心是创新主体如何通过网络获取异质性资源和互补性知识，以促进主体间协同行为，并提高知识共享程度，克服知识流动障碍。在此过程中，知识在网络中的流动能够有效改变企业主体的行为意图，使其摒弃获取短期收益的战略，转而倾向于通过提高信任程度来获取长期合作和持续性收益。因此，网络中的知识共享并非单纯的知识互换，而是基于创新主体的动机和知识特性产生的特殊结果。因此，知识在网络中占有重要地位，知识的异质性、在主体间的作用强度等成为影响主体间协同合作的决定性因素，这与组织学习理论所强调的内容不谋而合。根据学者格兰诺维特的“关系-结构”理论，创新主体基于知识联结的网络关系会对网络产生影响，相对应地，知识作为基础资源，在网络中所处的位置和流动程度同样对创新主体关系产生影响。从社会化关系的角度来看，知识吸收能力对网络中创新主体间的关系（信任、承诺、依赖等）进行定义，决定了协同创新和共生的连通性。在此过程中，知识吸收能力作为创新主体间就某一创新战略达成共识的媒介，会对主体间关系产生影响，进而对合作网络的协同效应产生影响。

本书基于网络嵌入理论认为网络嵌入由关系质量和关系强度体现，其中关系质量决定了网络主体间的知识共享和信任程度，关系强度对应了创新主体嵌入过程中知识的共生性和关联程度。创新系统内部不同作用强度的知识吸收能力将改变网络主体间的知识共享程度和信任的可能性，知识吸收能力的调整将影响创新主体间共生协同程度和主体间的平衡关系。因此，知识吸收能力可能调节网络嵌入对企业产品创新的作用。

综上所述，提出假设H12：知识吸收能力在关系嵌入对产品创新的影响中具有调节作用。

（3）知识吸收能力对认知嵌入与产品创新关系的调节作用

网络嵌入中的结构嵌入、关系嵌入和认知嵌入之间存在递进关系，由表及里地反映了网络间合作主体协同的内容和程度。网络的认知嵌入主要是指主体间的认知范式和意识程度，表明了关系网络意识层面的共识。在合作者间相似的价值观、相似的企业发展愿景等认知范式指导下，合作者会在协同过程中形成特定的规范和共同语言，使得主体间在熟识的环境下进行沟通和资源交换。研究表明，彼此间的共同语言和企业发展愿景有利于提高网络关系的密切程度和获取信息的能力。在此过程中，创新主体通过网络认知嵌入减少了网络主体间沟通互动的成本和不可控制性，从而影响企业的创新行为。一些研究成果表明，网络认知嵌入对创新主体资源获取水平的提升具有根本性的作用，知识作为组织中集体共享的一种重要发展资源，对于组织智力资本的软实力提升具有重要的正向影响。

有学者研究指出，具有更高知识吸收能力的企业主体能够有效改变合作主体间知识差异程度高的状况，提高合作主体间的认同感，从而从外部知识流中获得更大的收益，其原因体现在几个方面。首先，创新主体间的认知嵌入代表了合作企业间拥有相似的认知范式，企业能够借助较高的知识吸收能力提高对合作主体通过特定规范和共同语言所传达的知识信息的利用能力，从而提高网络中知识共生性，促进网络嵌入对企业创新绩效的影响作用。其次，企业需要将从具有共同认知的创新主体合作网络中获取的显性知识和隐性知识整合到内部知识体系中，较高的知识吸收能力使企业具有知识匹配和整合能力。最后，互联网企业的创新需求满足往往通过渐进性产品创新和突破性产品创新实现，在企业主体促进服务化转型的过程中需要依赖知识应用能力。因此，企业的知识吸收能力越强，通过合作主体间沟通和资源交换实现的知识优势越大，从而进一步促进互联网企业产品创新绩效提升。

综上所述，提出假设H13：知识吸收能力在认知嵌入对产品创新的影响中具有调节作用。

（三）理论模型构建

本部分在文献分析的基础上，通过理论演绎，系统地分析了网络嵌入、网络关系主体间共生、企业产品创新以及知识吸收能力等各个变量间的关系，探究了价值网络视角下网络嵌入对互联网企业产品创新的影响机制。网络嵌入不但能直接作用于互联网企业产品创新，而且能通过主体间的共生间接作用于产品创新活动。此外，知识吸收能力在网络嵌入和互联网企业产品创新之间起调节作用。因此，本书构建网络嵌入-共生-产品创新理论模型，如图4-1所示。

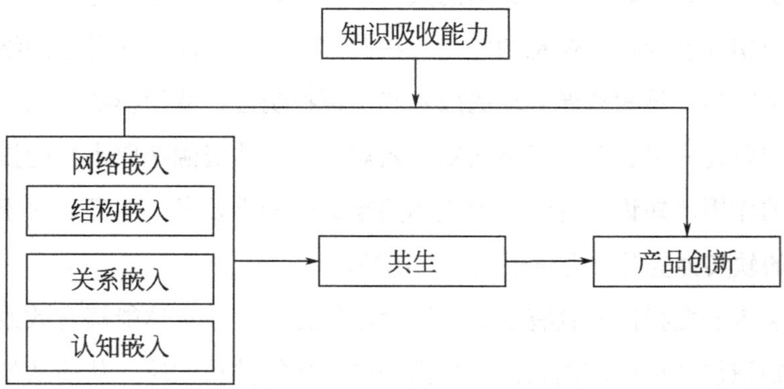

图4-1 理论模型

二、问卷设计与变量测量

（一）问卷设计

在数据获取和实证研究中，问卷调查法作为一种实用、准确性较高的数据收集方法被广泛使用。由于本书研究对象变量的测量难以通过二手数据获得，因此采用问卷调查法进行数据收集。高质量的数据往往是得出可靠研究结果的基础，因此，科学严谨的问卷设计是科学研究的重要环节。

1.问卷设计原则与过程

问卷设计应遵循一定原则，科学合理的问卷有利于提升研究的信度和效度，确保研究的可靠性和可行性。总体来讲，合理的调查问卷应简单明了、概念明确、吸引力强并易于回答。具体的问卷设计原则包括以下五点。① 题项适当性原则。问卷的题项设计应涵盖研究主题的所有方面，对变量测量尽量做到充分准确，对提出假设的内涵和外延数据充分获取，以减小实验误差。② 目的明确原则。问卷中包含的题项应准确反映研究主题的内容，在明确调查问卷目的的条件下，针对所提出的假设进行问题设计和延展。③ 顺序性原则。问卷设计应遵循先易后难、先封闭后开放的逻辑顺序，以助于提高数据收集质量。④ 规范性原则。问卷题目设计应简明扼要，易于理解，用词准确，切忌提问模棱两可，含糊其辞。设计问题应做到一问一答，不能兼问，降低作答的难度。⑤ 简明一致性原则。在问卷设计时，应做到简洁明了，避免词句冗余，语义表述不清晰的情况，以增强问卷的易理解性。

在遵循以上问卷设计原则的基础上，运用如下流程设计问卷：

第一步，通过对国内外经典文献的梳理，重点对网络嵌入、产品创新、共生理论和知识吸收能力理论进行归类和分析，在充分借鉴已有研究量表的基础上，结合互联网企业发展实际形成题项。在2019年3～6月对相关互联网企业进行调研，之后多次对企业经营管理人员进行深度访谈，对业务熟练的资深员工进行问询，最终形成问卷初稿。

第二步，通过学界专家学者对问卷进行讨论修正。为了提高问卷设计合理性，首先与团队内的领域专家进行深度交流和探讨，针对问卷内容、结构与格式征询专家意见，对问卷进行修改。然后，组织学术团队内的专家学者等成员进行问卷试答，对所涉及的研究变量和测度间的逻辑关系进行进一步梳理和调整，形成新问卷版本。最后，组织团队中的博士、硕士研究生对题项进行质疑和补充，经多次讨论后再次修改问卷。

第三步，在企业调研的基础上，与企业界专家和管理团队进行沟通与交流，根据实际调研反馈对问卷进行第三次修改。首先选取5位具有管理背景的企业高管人员，就企业产品创新方面的题项进行了重点修改，对问卷测度能否直接反映企业情况进行了咨询和访谈。然后，为了使问卷更加易于理解，选取5位学术知识背景较弱的管理人员对问卷表述与措辞进行修改，对问卷内容进行调整。

第四步，小样本预测试。将通过上述步骤设计的问卷发放给互联网企业的中高层管理者进行小规模预测试，对问卷结果进行效度、信度分析，题项删减和调整，得到本部分的最终问卷。

2.问卷的基本结构

在对国内外经典理论进行梳理的基础上，上文构建了在知识吸收能力的调节下，网络嵌入、共生和产品创新的影响机制模型，具体构念涉及互联网企业网络嵌入、合作伙伴共生、企业知识吸收能力优劣和产品创新。在实证研究中，真实客观的数据是降低研究结果偏差的基础，但由于本研究的研究对象是技术垄断型互联网企业，数据较难获取且缺乏连续性，商业信息暴露敏感性较高，可直接获取的资源较少，因此问卷调查方式更适合本研究。此外，本研究主题涉及企业合作关系紧密程度和产品创新评价，因此本问卷对象锁定在互联网企业中高层管理者中。高层管理者由于时间关系不能保证问卷的回收率和质量，而基层员工对公司战略和网络潜入程度理解有限，因此本问卷主要对各个互联网企业的中层管理者和高层管理者进行问卷调查。

根据上一节的理论假设和提出的概念模型，本部分设计的调查问卷包括以下两部分内容。

① 对互联网企业调研对象的基本信息进行采集。这部分的题项主要对被访者的特征性信息和企业的基本情况进行问询，包括对受访者的年龄、职

位、性别等情况进行数据收集，以对问卷有效性进行支撑。在企业基本信息方面，主要对企业所在地、企业性质、企业人数等可能对研究结果产生影响的方面进行信息收集，为后文的大样本实证研究奠定基础。

② 对本研究的核心研究变量进行测度。本部分问卷设计在前文理论研究的基础上，对网络嵌入、共生、产品创新和知识吸收能力等测度单元进行信息采集，在借鉴已有的成熟量表的维度划分的基础上，从结构嵌入、关系嵌入和认知嵌入三个维度对网络嵌入进行测度，将企业产品创新划分为渐进式产品创新和突破式产品创新进行调研，并设置相应题项。

（二）变量测量

变量包括被解释变量——企业产品创新、解释变量——网络嵌入、中介变量——共生、调节变量——知识吸收能力以及企业规模、年龄、行业领域等相关控制变量。其中，网络嵌入包括结构嵌入、关系嵌入和认知嵌入三个维度。以上变量均体现在企业微观层面，难以直接度量和获取数据，因此，本研究采用李克特五级量表打分法进行测度。数字1～5代表对题项的同意程度由“完全不同意”向“完全同意”过渡，其中3代表中立状态。为了提高数据分析准确性，各个变量采用多个题项进行测度。

1.被解释变量量表

企业产品创新是本研究的被解释变量，国内外学者对于产品创新的指标测度没有形成统一定论。技术投入、专利申请数、新产品数量等指标都可以衡量产品创新。在这些指标中存在大量的重叠关系，因此在数据量充足的条件下，学者们认为这种单指标测量方法是可行的。学者们通过新产品数量、新产品产值占销售收入比重、新产品的销售贡献率等测度对产品创新进行衡量。由于国情和文化环境使然，数据收集困难性较大，学术研究难以达到数据量充足的条件，因此大量学者逐渐提出利用多指标测量体系来衡量企业产品创新。新产品开发数量及其销售额占比、产品创新效率、产品创新效益、新产品销售收入比、产品创新比例等相对指标都成为衡量产品创新的测度。企业产品创新具体测度如表4-1所示。

表4-1 企业产品创新维度及测量

变量	题项描述	测度依据
产品创新	本企业能够不断开发新产品和服务	埃特利；瑞特、泰；卡蒂拉、阿胡加、哈格多恩和克洛德
	本企业新产品或服务的开发周期不断缩短	
	本企业开发新产品或服务的成本不断降低	
	本企业能够不断获得新专利	
	本企业的产品或服务的研发成功率高于同行业的大部分企业	
	本企业产品或服务的生产和使用率都很高	
	本企业的新产品或服务的利润率高于行业内的大部分企业	

根据文献梳理分析，国内外学者一般将产品创新分为渐进式产品创新和突破式产品创新。对于这两种产品创新的测量，学界已有众多学者进行了量表开发研究。埃特利、希曼斯基、卫汉华、博兹通过新产品盈利、市场份额的变化率对产品创新进行评价，新颖度逐渐成为有效测度产品创新的指标之一。本书从新产品推出效果和周期、市场、客户开发渠道变化率以及新产品盈利情况对产品创新进行测量。

2.解释变量量表

互联网企业产品创新活动嵌入内外部社会网络关系中，网络中主体的互动合作对组织的产品创新产生重要影响。在价值网络环境下，网络关系主体通过利用、共享、使用社会关系资源的行为嵌入社会网络。在借鉴社会学、网络嵌入理论的基础上，本书将网络嵌入设定为解释变量，从结构嵌入、关系嵌入和认知嵌入三个维度进行测度。关于解释变量的具体测度如表4-2所示。

在有关网络结构嵌入的研究中，巴特扎尔、纳哈皮亚、蒋天影等将结构嵌入分为网络规模、网络异质性和网络中心性。网络规模表征了在创新活

表4-2　网络嵌入维度及测量

变量	维度	题项描述	测度依据
网络嵌入	结构嵌入	与核心利益相关者间建立了较多联系	巴特扎尔、纳哈皮亚、方、斯塔姆
		在核心利益相关者中具有较强影响力	
		掌握了较为稀缺的专业知识	
		在核心利益相关者间起重要桥梁作用	
	关系嵌入	与核心利益相关者的联系频率很高	格瑞夫、鲁斯布尔、约翰、莱文、威尔曼、巴特扎尔
		与核心利益相关者的交流非常融洽	
		与核心利益相关者的合作中都信守承诺	
		在交流合作中重视共同愿景	
	认知嵌入	在交流合作中重视共同价值观	格兰诺维特、纳哈皮亚、卡罗利斯
		在交流合作中重视交流方式的一致性	

动过程中，企业在所嵌入的网络关系中所能利用的关系节点和外部资源的数量。格瑞夫、陈学光、李正卫等致力于网络异质性的量表开发，以4个问题对网络异质性进行衡量。网络中心性表征企业主体在网络关系中所处的相对位置，威尔曼、巴特扎尔、周中胜、格兰诺维特对网络中心性测量量表进行开发，对网络中心性进行测度。本书参考网络嵌入的创始者格兰诺维特的研究，在众多学者的研究基础上，以4个问题对网络结构嵌入进行测量。

对于网络关系嵌入的测量，众多学者从关系强度和关系质量方面进行测度。其中，关系强度表征了在创新活动中与其他组织间互动联结的程度，该指标的测量通常采用沟通频率、关系持久度、互动频率、关系紧密程度进行测量。莱文、解雪梅通过3个问题对关系强度进行衡量。关系质量是衡量企业与关系网络中其他主体的互动、交流效果的指标，良好的关系能为合作双方加强信任联结和情感认知基础，有利于组织主体获得自身创新活动所需的不同于其他组织的资源和最新的市场信息。针对关系质量的测量，学者鲁斯布尔、约翰、王辉、刘刚等学者通过3个问题进行测度。

对于认知嵌入的测度，本书借鉴纳哈皮亚、卡罗利斯、方、唐丽艳等人的研究成果，通过3个问题，从共同价值观、共同发展愿景、共同经营理念、定位认同性方面对网络认知嵌入进行测度。

3.中介变量量表

中介作用的研究目的是在某种影响关系的基础上，研究解释变量与被解释变量间的作用机制，合作伙伴间的共生作为能够解释网络嵌入和产品创新间关系的变量而存在。对于共生的测量，有学者从“协同密切程度”“组织的协作能力”“组织协作创新绩效”三个方面来衡量，陈佳莹、林少疆从共生界面拓展和共生能量分配两方面对共生进行测量，共生界面和共生能量都是企业主体共生关系产生的重要条件，共生界面是共生主体交流的媒介，共生能量是主体间交流的内容。共生介质丰度、共生阻力大小是测量共生界面拓展的重要测度，资源分配方向、资源丰度和传递效率是共生能量分配的重要测度。本书借鉴国内外学者的研究成果，从5个问题对共生进行测度，具体内容如表4-3所示。

表4-3 共生维度及测量

变量	题项描述	测度依据
共生	本企业与关系网络中其他成员的合作有明确的创新意识	陈佳莹、林少疆、罗斯加、尤金尼亚、穆勒灵·圭多、里亚尔·阿尔潘
	我们与创新网络成员具有共同的创新目标	
	我们与创新网络成员具有协调一致的联合行动	
	本企业与关系网络中其他成员之间形成的创新绩效能被均匀合理地分配	
	我们与创新网络成员具有相当的资源传输效率	

4.调节变量量表

对于知识吸收能力的测量，学者们大多将其划分为“潜在吸收能力”和“现实吸收能力”两个维度，分别包含3个题项和4个题项。潜在吸收能力考量了企业主体获取知识和消化知识的能力，现实吸收能力考量了企业对于所获取的知识的利用和转换能力。本书在已有研究的基础上从7个题项对知识吸收能力进行测度，具体内容如表4-4所示。

表4-4 知识吸收能力维度及测量

变量	题项描述	测度依据
知识吸收能力	本企业经常监测市场环境和行业发展趋势，能够发现和主动利用新机会	路易莎·弗洛尔、库珀、莎拉、德米特里斯、塞拉苏、桑托罗·加布里埃尔、罗珀·斯蒂、詹姆斯、邦纳·卡伦
	本企业能够与不同类型的合作伙伴就新知识和新技术进行高频率的沟通交流	
	本企业能够遵循一定的知识管理制度，通过一定的步骤流程在短时间内掌握来自企业外部的知识和技术	
	我们能够把来自集团内外部的知识、技术在公司内部有效共享	
	本企业能够将环境中的技术知识信息运用到日常运营中	
	本企业善于吸取新知识并将其运用到应对环境变化的活动中	
	本企业经常监测市场环境和行业发展趋势，能够发现和主动利用新机会	

5.控制变量量表

企业产品创新是一个多环节、多主体和多资源的复杂性活动，企业的产品创新会受到多方面因素影响，除了企业运用知识资本、创新行为等变量外，本书基于已有研究，确定控制变量内容，包括：

① 企业规模，企业规模对企业产品行为和创新绩效产生影响，一般情况下，企业规模越大，能够获取和掌握的资源越多，知识取得并将知识转化为自身发展所需要素的能力越强。研究表明，具有差异规模的组织由于采取的创新策略不同，其产品创新表现也不一致。

② 企业年龄和发展阶段。企业年龄对产品创新的影响也是学界关注的焦

点。成立时间短的企业往往处于企业发展的初创期，处于这个时期的企业相比成熟期的企业缺少创新经验。发展到一定程度的组织掌握更多资源，应对市场危机的能力相对更强，而处于发展初期的组织更易于发生突破性创新，会形成更多知识和创意，因此，本研究将企业年龄和发展阶段作为控制变量。

③ 行业性质，行业的差异会使产品创新程度和需求产生差异，本书认为行业性质会影响企业产品创新，因此，将行业性质作为控制变量。

三、价值网络嵌入影响产品创新的机制分析

（一）数据收集与整理

1.数据收集

首先，在样本对象选取上，基于研究目的，选取产品创新较为活跃的互联网企业作为问卷发放对象。其次，根据已有研究认为增加行业调查数量能够提升结论的广泛性和稳定性，本书调研的样本涵盖了电信、化工、建筑、商业等服务业和制造行业。再次，由于普通职工对企业发展战略、与合作伙伴互动情况了解不全面，本书选取中高层企业管理者作为样本对象，以提高数据收集的可信度和有效程度。然后，在区域选择方面，考虑到研究结论的普适性和问卷回收的可能性，数据收集区域范围广泛，包括北京、四川、广东、上海、江苏等地区。最后，为了提高问卷数据的准确性，问卷的发放和回收渠道主要采取四种途径进行：第一，对经济管理学院的MBA和EMBA学生现场发放调查问卷；第二，在企业调研、访谈的过程中发放问卷并现场收回；第三，考虑到样本数据的真实代表性，为扩大样本量提高样本信度效度，研究借助朋友的个人渠道（互联网企业工作），请他们帮忙填写问卷并委托其通过邮件、微信等方式发放电子版问卷；第四，利用“问卷星”平台，通过网络发布问卷，其高效性和准确性为本研究提供了可信的问卷数据。

本研究实际共发放700份问卷，回收585份，其中466份为有效问卷，有效回收率达到79.658%，问卷发放与回收情况如表4-5所示。

表4-5　问卷发放与回收情况

问卷发放与回收途径	发放数量	回收数量	回收率	有效数量	有效回收率
实地走访发放	100	77	77.000%	69	89.610%
会议现场发放	120	86	71.667%	78	90.698%
委托朋友	130	72	55.385%	64	88.889%
网络发放	350	350	100.000%	255	72.857%
合计	700	585	83.571%	466	79.658%

注：问卷回收数量/问卷发放数量×100%=回收率，有效回收数量/问卷回收数量×100%=有效回收率。

从表4-5可以看出，本次问卷发放渠道较多，问卷有效回收率较高，因此可以基本忽略本次问卷回收的未答复偏差。

2.描述性统计与数据质量检验

本书对回收的466份有效问卷进行描述性统计分析，样本分布情况主要通过企业规模、所属行业、地区和企业年龄等指标进行分析，以描述样本的类别、特性以及构成情况等，基本特征的分布情况如表4-6所示。

从表4-6可以看出，所获样本所涵盖的行业范围较广，服务行业（商业、贸易、咨询、餐饮等）占比最大为47.420%，其中电信行业占比最高，为7.940%，其他较为集中的行业占比分别为软件7.296%，商业7.082%、贸易7.082%、咨询7.082%。制造行业（机电、化工、材料、纺织等）占比34.541%，其中占比最大的行业为纺织、建筑和机电。从企业年龄来看，样本企业经营时长在两年以下的占比22.532%，成立3～5年的占比26.824%，成立时间6～10年的占比最高为28.970%，成立时间为10年以上的占比21.674%。从企业规模来看，50人以下的互联网企业占比7.082%，50～100人占比32.618%，101～500人占比最高为38.197%，501～1000人占比15.021%，1000人以上的互联网企业占比7.082%。

表4-6 样本统计性描述

样本特征	分类标准	企业数量/个	百分比/%
企业年龄	≤2年	105	22.532
	3～5年	125	26.824
	6～10年	135	28.970
	＞10年	101	21.674
	合计	466	100.000
企业规模	≤50人	33	7.082
	50～100人	152	32.618
	101～500人	178	38.197
	501～1000人	70	15.021
	1000人以上	33	7.082
	合计	466	100.000
所属行业	机电	29	6.223
	化工	27	5.794
	材料	17	3.648
	纺织	34	7.296
	建筑	29	6.223
	食品饮料	25	5.365
	医药	31	6.652
	汽配	27	5.794
	商业	33	7.082
	贸易	33	7.082
	电信	37	7.940
	金融	24	5.150
	咨询	33	7.082
	软件	34	7.296
	餐饮	27	5.794
	房地产	26	5.579
	合计	466	100.000

同时，进一步对研究中的变量网络嵌入、共生、产品创新和知识吸收能力进行描述性统计，研究采用李克特五级量表对关系嵌入、结构嵌入、认知嵌入、产品创新、共生和知识吸收能力进行分析，对各变量最大最小值、偏度和峰度等指标进行描述性统计，结果如表4-7所示，表中JG1～ZX7为题项编号，N为样本数量。

表4-7　变量描述性统计分析

变量	题项	*N*	最小值	最大值	均值	标准差	偏度	峰度
结构嵌入	JG1	466	1	5	3.835	1.246	–0.949	–0.164
	JG 2	466	1	5	3.839	1.196	–1.127	0.406
	JG 3	466	1	5	3.91	1.211	–1.081	0.231
	JG 4	466	1	5	3.916	1.162	–1.067	0.219
关系嵌入	GX1	466	1	5	3.942	1.173	–1.093	0.334
	GX 2	466	1	5	3.961	1.143	–1.383	1.24
	GX 3	466	1	5	4.043	1.114	–1.284	1.009
认知嵌入	RZ1	466	1	5	3.854	1.162	–1.018	0.226
	RZ2	466	1	5	3.931	1.141	–1.303	1.011
	RZ3	466	1	5	3.944	1.121	–1.205	0.856
共生	GS1	466	1	5	3.854	1.179	–1.012	0.209
	GS2	466	1	5	3.873	1.186	–1.278	0.822
	GS3	466	1	5	3.983	1.156	–1.274	0.964
	GS4	466	1	5	4.024	1.125	–1.165	0.47
	GS5	466	1	5	3.931	1.134	–1.136	0.619
产品创新	CJ1	466	1	5	3.803	1.265	–0.899	–0.276
	CJ2	466	1	5	3.895	1.248	–1.201	0.421
	CJ3	466	1	5	3.848	1.201	–1.045	0.22
	CJ4	466	1	5	3.873	1.147	–1.048	0.257
	CJ5	466	1	5	3.777	1.233	–1.035	0.108
	CJ6	466	1	5	3.914	1.17	–0.941	–0.09
	CJ7	466	1	5	3.899	1.294	–1.104	0.061
知识吸收能力	ZX1	466	1	5	3.818	1.218	–0.874	–0.192
	ZX2	466	1	5	3.869	1.217	–1.221	0.561
	ZX3	466	1	5	3.927	1.132	–1.09	0.526
	ZX4	466	1	5	4.021	1.061	–1.051	0.25
	ZX5	466	1	5	3.938	1.174	–1.167	0.516
	ZX6	466	1	5	3.901	1.075	–0.971	0.31
	ZX7	466	1	5	3.826	1.249	–1.033	0.118

由表4-7可见，在本次问卷使用李克特五级量表的前提下，所有变量的均值都落在3.2～4.2的区间内且标准差区间为1.0～1.3，各题项偏度绝对值都＜2，峰度绝对值都＜2，可以判断样本符合正态分布的要求。

（二）信度和效度检验分析

根据管理学的研究方法论，问卷的信效度检验是实证分析的基础步骤，是保证研究结果成立与可信的最根本环节。本书采用内部一致性系数（Cronbach's α）进行信度检验的同时，计算各测量项的校正项总体相关性（CITC）。效度检验主要通过因子分析方法考察测量题项的结构效度。

1.网络嵌入的信效度检验

对网络嵌入样本进行信度分析，结果如表4-8所示，网络嵌入量表的10个题项CITC值均大于0.5，表明题项设置较为合理。此外，三个维度的一致性系数基本上大于0.8，表明量表信度满足要求。

表4-8 网络嵌入的信度分析

变量	题项	分项对总项相关系数（CITC）	删除该题项后的α值	内部一致性系数
结构嵌入	JG1	0.809	0.881	0.911
	JG2	0.793	0.887	
	JG3	0.785	0.890	
	JG4	0.807	0.882	
关系嵌入	GX1	0.760	0.813	0.871
	GX2	0.777	0.797	
	GX3	0.725	0.844	
认知嵌入	RZ1	0.759	0.808	0.869
	RZ2	0.762	0.805	
	RZ3	0.729	0.834	

在通过信度检验之后，通过探索性因子分析方法对网络嵌入进行效度检验，如表4-9所示，结构嵌入的样本KMO值为0.785＞0.7；且巴特利特

（Bartlett）球形检验通过了显著性检验，因此适合进一步进行因子分析。进而，运用主成分分析的方法对网络嵌入的10个题项进行探索性因子分析，依照特征值＞1，最大因子载荷＞0.5的指标标准提取三个因子，累计解释变差为79.351%，大于60%的最低要求，说明保留提取的三个因子其建构效度良好。从因子载荷分析结果来看，发现三个因子建构与预先设计的题项相符，可见其效度检验结果符合要求。

表4-9　网络嵌入探索性因子分析结果

变量名称	测量题项	因子载荷			KMO 值	Bartlett 球形检验
		结构嵌入	关系嵌入	认知嵌入		
结构嵌入	JG1	0.897			0.785	2647.772***
	JG2	0.885				
	JG3	0.880				
	JG4	0.894				
关系嵌入	GX1		0.896			
	GX2		0.903			
	GX3		0.875			
认知嵌入	RZ1			0.895		
	RZ2			0.897		
	RZ3			0.879		

注：*表示显著性水平$P<0.05$，**表示显著性水平$P<0.01$，***表示显著性水平$P<0.001$，因子分析累计解释变差为79.351%。

在探索性因子分析之后，运用验证性因子分析（comfirmary factor analysis，CFA）进一步对样本数据的收敛效度进行检验。在验证性因子分析中需要进行比对的指标有：χ^2/df、GFI、AGFI、RMSEA、NFI、AVE、TLI、CFI、IFI。其中χ^2/df要求小于3，GFI、AGFI、NFI都要求大于0.8，而RMSEA则要求小于0.08，AVE应大于0.05，TLI、CFI、IFI均要求大于0.9。具体的指标要求如表4-10所示。此外，如果某因子AVE平方根值大于该因子与其他因子的相关系数，并且所有因子均呈现这样的结论，则说明具有良好的区分效度。

表4-10 收敛效度测量指标取值范围

统计量指标	取值范围	参数检验通过标准
卡方自由度比（χ^2/df）	＞0	＜5可接受，＜3较好
近似误差均方根（RMSEA）	＞0	＞0.1不可接受，＜0.05拟合较好
增值拟合指数（IFI）	0～1	＞0.9拟合结果可接受
非标化拟合指数（TLI）	0～1	＞0.9拟合结果可接受
比较拟合指数（CFI）	0～1	＞0.9拟合结果可接受

资料来源：奥埃尔等（1996）、吴明隆（2010）、刁丽琳（2013）等研究整理。

针对网络嵌入共3个因子，10个分析项进行验证性因子分析。分析结果如表4-11所示，10个题项的标准化系数都＞0.5，C.R值（因子分析的信变指标）均＞0.7，AVE值均＞0.5并且通过了显著性检验（P＜0.001）。从拟合指标来看，绝对拟合指数χ^2/df为1.162＜3；GFI、AGFI分别为0.984和0.973，均＞0.9；RMSEA为0.019＜0.05。相对拟合指数NFI、CFI和IFI均＞0.9。综上可见，该模型具备良好的拟合效果，这意味着结构嵌入量表具备较高的收敛效度。

表4-11 网络嵌入验证性因子分析检验结果

变量	测量题项	标准因子载荷	标准误差（S.E.）	P值	AVE	C.R
结构嵌入	JG1	0.862			0.721	0.912
	JG2	0.842	0.041	0.000		
	JG3	0.833	0.042	0.000		
	JG4	0.858	0.040	0.000		
关系嵌入	GX1	0.840			0.696	0.873
	GX2	0.869	0.051	0.000		
	GX3	0.789	0.048	0.000		
认知嵌入	RZ1	0.843			0.691	0.870
	RZ2	0.848	0.051	0.000		
	RZ3	0.799	0.049	0.000		
拟合度指标	χ^2/df=1.162，GFI=0.984，RMSEA=0.019，CFI=0.998，NFI=0.986，AGFI=0.973，IFI=0.998					

2.产品创新的信效度检验

对产品创新样本的信度进行分析，结果如表4-12所示，产品创新量表的7个题项CITC值均大于0.5，表明题项设置较为合理。此外，Cronbach's α值大于0.9，表明量表信度满足要求。

表4-12　产品创新的信度分析

变量	题项	分项对总项相关系数（CITC）	删除该题项后的α值	Cronbach's α系数
产品创新	CJ1	0.831	0.938	0.947
	CJ2	0.846	0.936	
	CJ3	0.801	0.940	
	CJ4	0.812	0.939	
	CJ5	0.822	0.938	
	CJ6	0.783	0.942	
	CJ7	0.852	0.936	

对产品创新进行探索性因子分析，首先判断各题项是否适合因子分析，结果如表4-13所示，产品创新的样本KMO值为0.942＞0.7；且Bartlett球形检验通过了显著性检验，因此适合进一步进行因子分析。进而，运用主成分分析的方法对产品创新的7个题项进行探索性因子分析，依照特征值＞1，最大

表4-13　产品创新探索性因子分析结果

变量名称	测量题项	因子载荷	KMO值	Bartlett球形检验
产品创新	CJ1	0.879	0.942	2816.222***
	CJ2	0.890		
	CJ3	0.856		
	CJ4	0.864		
	CJ5	0.872		
	CJ6	0.840		
	CJ7	0.895		

注：*表示显著性水平$P<0.05$，**表示显著性水平$P<0.01$，***表示显著性水平$P<0.001$，因子分析累计解释变差75.837%。

因子载荷＞0.5的指标标准提取1个因子，累计解释变差为75.837%，大于60%的最低要求，说明其建构效度良好。

针对产品创新的7个分析项进行验证性因子分析。本次分析有效样本量为466，达到因子分析的要求，样本量适中。分析结果如表4-14所示，7个题项的标准化系数都＞0.5，C.R值＞0.7，AVE值＞0.5并且通过了显著性检验（P＜0.001）。从拟合指标来看，绝对拟合指数χ^2/df为2.960＜3；GFI、AGFI分别为0.969和0.938，均＞0.9；RMSEA为0.046＜0.05。相对拟合指数NFI、CFI和IFI均＞0.9。综上可见，该模型具备良好的拟合效果，这意味着产品创新量表具备较高的收敛效度。

表4-14 产品创新验证性因子分析检验结果

变量	测量题项	标准因子载荷	标准误差（S.E.）	P	AVE	C.R
产品创新	CJ1	0.857			0.721	0.947
	CJ2	0.878	0.04	0.000		
	CJ3	0.821	0.04	0.000		
	CJ4	0.838	0.038	0.000		
	CJ5	0.847	0.04	0.000		
	CJ6	0.803	0.04	0.000		
	CJ7	0.884	0.041	0.000		
拟合度指标	χ^2/df=2.960，GFI=0.969，RMSEA=0.046，CFI=0.987，NFI=0.982，AGFI=0.938，IFI=0.987					

3.共生的信效度检验

对共生样本的信度进行检验，结果如表4-15所示，共生量表的5个题项CITC值均大于0.5，表明题项设置较为合理。此外，两个维度的Cronbach's α值大于0.8，表明量表信度满足要求。

对共生进行探索性因子分析，首先对各题项是否适合因子分析进行判别，结果如表4-16所示，共生的样本KMO值为0.895，大于指标的最低要求

表4-15　共生的信度分析

变量	题项	分项对总项相关系数（CITC）	删除该题项后的 α 值	Cronbach's α 系数
共生	GS1	0.780	0.899	0.917
	GS2	0.809	0.893	
	GS3	0.763	0.903	
	GS4	0.819	0.892	
	GS5	0.760	0.903	

表4-16　共生探索性因子分析结果

变量名称	测量题项	因子载荷	KMO 值	Bartlett 球形检验
共生	GS1	0.862	0.895	1573.474***
	GS2	0.883		
	GS3	0.850		
	GS4	0.889		
	GS5	0.847		

注：*表示显著性水平 $P<0.05$，**表示显著性水平 $P<0.01$，***表示显著性水平 $P<0.001$，因子分析累计解释变差82.887%。

0.5；且Bartlett球形检验通过了显著性检验，因此适合进一步进行因子分析。进而，运用主成分分析的方法对共生的5个题项进行探索性因子分析，依照特征值＞1，最大因子载荷＞0.5的指标标准提取1个因子，累计解释变差为82.887%，大于60%的最低要求，说明其建构效度良好。

针对共生的5个分析项进行验证性因子分析，分析结果如表4-17所示，5个题项的标准化系数都＞0.5，C.R值＞0.7，AVE值＞0.5并且通过了显著性检验（$P<0.001$）。从拟合指标来看，绝对拟合指数 χ^2/df为2.980＜3；GFI、AGFI分别为0.987和0.960，均＞0.9；RMSEA为0.047＜0.05。相对拟合指数NFI、CFI和IFI均＞0.9。综上可见，该模型具备良好的拟合效果，这意味着共生量表具备较高的收敛效度。

表4-17 共生验证性因子分析检验结果

变量	测量题项	标准因子载荷	标准误差（S.E.）	*P*	AVE	C.R
共生	GS1	0.821			0.689	0.917
	GS2	0.853	0.048	0.000		
	GS3	0.809	0.048	0.000		
	GS4	0.865	0.045	0.000		
	GS5	0.800	0.047	0.000		
拟合度指标	χ^2/df=2.980，GFI=0.987，RMSEA=0.047，CFI=0.993，NFI=0.990，AGFI=0.960，IFI=0.993					

4.知识吸收能力的信效度检验

对知识吸收能力的信度进行检验，结果如表4-18所示，知识吸收能力量表的7个题项CITC值均大于0.5，表明题项设置较为合理。此外，维度的Cronbach's α值大于0.8，表明量表信度满足要求。

表4-18 知识吸收能力的信度分析

变量	题项	分项对总项相关系数（CITC）	删除该题项后的 α 值	Cronbach's α 系数
知识吸收能力	ZX1	0.804	0.927	0.937
	ZX2	0.852	0.922	
	ZX3	0.763	0.930	
	ZX4	0.803	0.927	
	ZX5	0.805	0.927	
	ZX6	0.729	0.933	
	ZX7	0.815	0.926	

本部分对知识吸收能力进行探索性因子分析，首先对各题项是否适合因子分析进行判别，结果如表4-19所示，知识吸收能力的样本KMO值为0.939＞0.7；且Bartlett球形检验通过了显著性检验，因此适合进一步进行因子分析。进而，运用主成分分析的方法对知识吸收能力的7个题项进行探索性因子分析，依照特征值＞1，最大因子载荷＞0.5的指标标准提取1个因子，累计解释变差为78.524%，大于60%的最低要求，说明其建构效度良好。

表4-19 知识吸收能力探索性因子分析结果

变量名称	测量题项	因子载荷	KMO值	Bartlett球形检验
知识吸收能力	ZX1	0.859	0.939	2518.157***
	ZX2	0.896		
	ZX3	0.827		
	ZX4	0.859		
	ZX5	0.861		
	ZX6	0.798		
	ZX7	0.868		

注：*表示显著性水平$P<0.05$，**表示显著性水平$P<0.01$，***表示显著性水平$P<0.001$，因子分析累计解释变差78.524%。

针对知识吸收能力的7个题项进行验证性因子分析。本次分析有效样本量为466，超出分析项数量的10倍，样本量适中。分析结果如表4-20所示，7个题项的标准化系数都＞0.5，C.R值＞0.7，AVE值＞0.5并且通过了显著性检验（$P<0.001$）。从拟合指标来看，绝对拟合指数χ^2/df为2.149＜3；GFI、AGFI分别为0.973和0.947，均＞0.9；RMSEA为0.068＜0.05。相对拟合指数NFI、CFI和IFI均＞0.9。综上可见，该模型具备良好的拟合效果，这意味着知识吸收能力量表具备较高的收敛效度。

表4-20 知识吸收能力验证性因子分析检验结果

变量	测量题项	标准因子载荷	标准误差（S.E.）	*P*	AVE	C.R
知识吸收能力	ZX1	0.833			0.688	0.939
	ZX2	0.888	0.043	0.000		
	ZX3	0.787	0.043	0.000		
	ZX4	0.831	0.040	0.000		
	ZX5	0.832	0.044	0.000		
	ZX6	0.752	0.042	0.000		
	ZX7	0.855	0.046	0.000		
拟合度指标	χ^2/df=2.149，GFI=0.973，RMSEA=0.068，CFI=0.988，NFI=0.983，AGFI=0.947，IFI=0.988					

5.相关性分析和区分效度检验

在假设检验之前，要对研究中各个变量进行相关性分析，本部分采用皮尔森（Pearson）相关分析法，使用双尾检验（2-tailed）相关分析法，对网络嵌入、共生、知识吸收能力和产品创新进行相关性检验。具体结果见表4-21。

表4-21 各变量的相关分析

项目	1	2	3	4	5	6
1．结构嵌入	1					
2．关系嵌入	0.359**	1				
3．认知嵌入	0.230**	0.152**	1			
4．共生	0.312**	0.290**	0.306**	1		
5．知识吸收能力	0.329**	0.351**	0.135**	0.194**	1	
6．产品创新	0.356**	0.280**	0.333**	0.365**	0.326**	1

注：** 显著性水平$P<0.01$（双尾检验）；* 显著性水平$P<0.05$（双尾检验）。

从表4-21可见，本研究中的主要变量间存在显著正相关关系。其中，网络嵌入的三个维度正向影响产品创新，相关系数分别是0.356、0.280和0.333（$P<0.01$），具有中等强度的相关性。中介变量共生正向影响被解释变量产品创新，相关系数为0.365（$P<0.01$），具有中等强度的相关性；调节变量知识吸收能力正向影响被解释变量产品创新，相关系数为0.326（$P<0.01$），具有中等强度的相关性。解释变量网络嵌入的三个维度正向影响中介变量共生，相关系数分别是0.312、0.290和0.306（$P<0.01$），具有中等强度的相关性。网络嵌入中结构嵌入和关系嵌入正向影响调节变量知识吸收能力，相关系数为0.329和0.351（$P<0.01$）。此外，网络嵌入中的认知嵌入与调节变量知识吸收能力的相关性显著，但相关系数不高，为0.135。中介变量共生与调节变量知识吸收能力间相关性显著，但相关系数不高，为0.194。

区分效度是探索因子间差异显著性，本部分利用传统的AVE值检验法对问卷数据进行区分效度检验。检验结果如表4-22所示，表格中斜对角线为AVE平方根值，其余值为相关系数，AVE平方根值可表示因子的“聚合性”，相关系数表示相关关系，如果因子“聚合性”很强，则能说明具有区分效度。如果表格中斜对角线的值，大于同列中其他因子的相关系数，并且所有因子均呈现出这样的结论，则说明具有良好的区分效度。由表4-22可见，各变量的AVE平方根值为0.849、0.834、0.831、0.830、0.830、0.849，均大于变量间的相关系数，因此量表的区别效度良好。

表4-22 区分效度检验结果

项目	结构嵌入	关系嵌入	认知嵌入	共生	知识吸收能力	产品创新
结构嵌入	0.849					
关系嵌入	–0.035	0.834				
认知嵌入	–0.003	–0.021	0.831			
共生	0.024	–0.075	–0.002	0.830		
知识吸收能力	0.048	0.057	–0.030	–0.011	0.830	
产品创新	0.037	0.031	0.006	–0.042	–0.007	0.849

注：斜对角线数字为AVE平方根值。

（三）基于线性回归的假设检验

为对前文所提出的模型假设进行检验，本部分运用层次回归分析法对网络嵌入与产品创新的关系进行分析，并检验共生的中介作用和知识吸收能力的调节作用。

1.网络嵌入对产品创新的影响

本书主要运用SPSS 22.0和AMOS 22.0软件对理论假设进行检验，本节对自变量网络嵌入和因变量产品创新的关系进行检验。首先通过检验自变量的容忍度和方差膨胀因子（VIF）检验多重共线性问题，然后在此基础上进行层次回归分析。

对网络嵌入影响产品创新进行层次回归分析，首先构建包含企业年龄、企业规模、行业领域和地域的模型1。其次，将自变量结构嵌入加入模型1中构建模型2。然后将自变量关系嵌入加入模型1，构建模型3；将自变量认知嵌入加入模型1，构建模型4。模型1～4多重共线性分析结果如表4-23所示。

表4-23 网络嵌入对产品创新的影响回归及多重共线性检验结果

变量	M1			M2			M3			M4		
	回归系数	容忍度	VIF	回归系数	容忍度	VIF	回归系数	容忍度	VIF	回归系数	容忍度	VIF
企业年龄	0.119**	0.997	1.003	0.112**	0.997	1.003	0.113**	0.997	1.003	0.127**	0.994	1.006
企业规模	0.131**	0.997	1.003	0.110**	0.993	1.007	0.108**	0.993	1.007	0.110**	0.993	1.007
行业领域	−0.006	0.996	1.004	−0.017	0.995	1.005	−0.004	0.989	1.011	−0.02	0.985	1.016
结构嵌入				0.347***	0.995	1.005	0.285***	0.866	1.155	0.232***	0.835	1.197
关系嵌入							0.174***	0.865	1.155	0.152***	0.860	1.163
认知嵌入										0.263***	0.935	1.069
R^2	0.032			0.153			0.179			0.243		
调整后 R^2	0.026			0.145			0.170			0.234		
F	5.158**			20.741***			20.014***			24.611***		

注：***代表$P<0.001$，**代表$P<0.01$，*代表$P<0.05$。

在分析过程中，只有先对模型进行多重共线性、序列相关性进行检验，才能保证多元回归结果的可信度。本部分通过方差膨胀因子（variance inflation factor，VIF）对多重共线性进行判断，VIF大于10体现了变量之间的多重共线性问题较为严重。由表4-23可见，多元回归结果表明，所有模型变量间的VIF值均小于5，容忍度都大于0.1，表明自变量、因变量、调节变量和中介变量之间并不存在多重共线性问题。通过计算回归模型的杜比·沃森（Durbi Watson）值判断变量的序列相关性。所有回归模型的杜比·沃森值都在2左右，由此可见不存在严重的序列相关问题。

由表4-23进行的回归分析可见，模型1～4的F值均通过了显著性检验（$P<0.01$），意味着4个模型均成立。其中，企业年龄与产品创新关系为较显著正相关（β=0.119，$P<0.01$），意味着企业成立年限越长，产品创新效果越好。企业规模与产品创新关系为较显著正相关（β=0.131，$P<0.01$），意味着企业规模越大，越有利于提高企业产品创新绩效。行业领域与产品创新呈负相关关系（β=−0.006），但P值不显著，表明企业产品创新效果与行业关系不大。从模型1整体上来看，该模型通过了显著性为0.01的检验，说明企业

年龄、企业规模和行业领域对产品创新具有一定程度的影响，因此控制变量选择是合理的。该检验结果表明，在企业运营过程中，不断开发生产研发模式，有利于企业产品创新。而组织的规模越大，组织的可利用资源越多，与网络内外部互动的机会越多，知识和创意的流动越强，越能够促进组织的产品创新绩效提升。

在模型1的基础上依次纳入结构嵌入、关系嵌入和认知嵌入，得到模型2、3、4。由表4-23可见，模型2的R^2由0.032上升为0.153，模型3上升为0.179，模型4上升为0.243，意味着在模型1的基础上加入解释变量后，模型对于产品创新具有更高的解释度，且各个模型的F值都在$P<0.01$上显著，说明模型成立。

对回归结果进行进一步分析，模型2中结构嵌入与企业产品创新的回归系数为0.347，显著性水平是0.001，表明网络嵌入对产品创新具有正向影响，即网络嵌入越强，组织越能获得较好的产品创新效果，因此支持假设H1。模型3中关系嵌入与企业产品创新的回归系数为0.174，显著性水平是0.001，表明关系嵌入对产品创新具有正向影响作用，即企业的关系嵌入越强，产品创新表现越好，因此H2假设得到支持。模型4中认知嵌入与企业产品创新的回归系数为0.263，显著性水平是0.001，表明认知嵌入对产品创新具有正向影响作用，即企业的认知嵌入越强，组织越会获得较好的产品创新效果，因此H3假设得到支持。

2.基于逐步法和bootstrap法的中介效应检验

本研究的中介模型涉及解释变量网络嵌入（结构嵌入、关系嵌入和认知嵌入）、被解释变量产品创新和中介变量共生，由于存在一个中介变量，且自变量和因变量皆为连续变量，因此首先运用逐步回归法进行中介作用检验，再运用bootstrap法，借助SPSS中的process插件（模型4）对共生的中介作用进一步分析，得出共生的中介效应占比，同时对逐步法的检验结果进行验证。

（1）基于逐步法的中介效应检验

首先做共生和网络嵌入（结构嵌入、关系嵌入和认知嵌入）的回归分析，结果如表4-24所示，研究结果通过了多重共线性检验。

表4-24　网络嵌入对共生的影响回归及多重共线性检验结果

变量	M5			M6			M7			M8		
	回归系数	容忍度	VIF	回归系数	容忍度	VIF	回归系数	容忍度	VIF	回归系数	容忍度	VIF
企业年龄	0.066	0.997	1.003	0.06	0.997	1.003	0.62	0.997	1.003	0.74*	0.994	1.006
企业规模	0.028	0.997	1.003	0.009	0.993	1.007	0.007	0.993	1.007	0.008	0.993	1.007
行业领域	–0.058	0.996	1.004	–0.068	0.995	1.005	–0.053	0.989	1.011	–0.068	0.985	1.016
结构嵌入				0.312***	0.995	1.005	0.240***	0.866	1.155	0.192***	0.835	1.197
关系嵌入							0.201***	0.865	1.155	0.180***	0.860	1.163
认知嵌入										0.242***	0.935	1.069
R^2	0.009			0.106			0.141			0.195		
调整后 R^2	0.002			0.098			0.131			0.185		
F	1.328			50.064***			18.656***			31.338***		

注：***代表$P<0.001$，**代表$P<0.01$，*代表$P<0.05$。

从表4-24中可见，模型5中控制变量P值均大于0.05，表明企业年龄、企业规模和行业领域对共生没有影响。模型6中结构嵌入与共生的回归系数为0.312，P值小于0.001，表明结构嵌入与共生呈正相关关系，从模型整体来看，F值为50.064，同时满足$P<0.001$，表明该模型线性关系显著，网络结构嵌入越强的企业间越易发生共生，假设H4得到支持。

从模型7中可以看出，关系嵌入与共生的回归系数为0.201，P值为0.000，通过了$P<0.001$显著性水平的检验，表明关系嵌入与共生呈正相关关系。从模型整体来看，F值为18.656，同时满足$P<0.001$，表明该模型线性关系显著，即共生更容易发生在关系嵌入强、联系紧密的企业之间，假设H5得到支持。

同理对模型8进行分析，认知嵌入与共生的回归系数为0.242，P值为0.000，通过了$P<0.001$显著性水平的检验，表明认知嵌入正向影响企业的共生。从模型整体来看，F值为31.338，同时满足$P<0.001$，表明该模型线性关系

系显著，即组织间具有相似价值观和经营理念对于组织间的互利共生有促进作用，假设H6得到支持。

从模型整体来看，在逐步加入结构嵌入、关系嵌入和认知嵌入变量后，调整后的R^2值比之前要高，表明加入新变量后模型的解释能力更强。模型6～8在$P<0.001$的显著水平都通过了F检验，说明共生与模型中所含变量的线性关系较为显著，进一步验证了假设。

然后做产品创新和共生的回归分析，同时对解释变量网络嵌入与被解释变量间的直接效应进行分析，结果如表4-25所示，数据通过了多重共线性检验。

表4-25 共生对产品创新及直接效应检验结果

变量	M10			M11			M12		
	回归系数	容忍度	VIF	回归系数	容忍度	VIF	回归系数	容忍度	VIF
企业年龄	0.096	0.993	1.003	0.098*	0.993	1.007	0.113**	0.987	1.013
企业规模	0.108*	0.993	1.007	0.106**	0.993	1.007	0.108**	0.993	1.007
行业领域	0.002	0.990	1.005	0.009	0.986	1.015	–0.007	0.979	1.021
结构嵌入	0.262***	0.898	1.005						
关系嵌入				0.124**	0.832	1.202			
认知嵌入							0.217***	0.875	1.142
共生	0.273***	0.894	1.118	0.249***	0.859	1.164	0.192***	0.805	1.243
R^2	0.219			0.232			0.273		
调整后R^2	0.211			0.222			0.262		
F	25.822***			23.100***			24.570***		

注：***代表$P<0.001$，**代表$P<0.01$，*代表$P<0.05$。

从表4-25中可见，模型10中共生与产品创新的回归系数为0.273，其P值为0.000，通过了$P<0.001$显著性水平的检验，表明共生与产品创新间呈正相关关系。从模型整体来看，F值是25.822，同时满足$P<0.001$，表明该模型

线性关系显著，即共生有利于促进企业产品创新绩效的提高，假设H7得到支持。同理通过模型M11、M12对网络嵌入和产品创新的直接效应进行分析，通过了$P<0.001$显著性水平的检验，表明网络嵌入对产品创新有促进作用。从模型整体来看，依次加入变量调整后的R^2值逐渐增大，F值分别为25.822、23.100、20.014、24.570，同时满足$P<0.001$，表明该模型线性关系显著，进一步支持假设H7。

Baron Kenny和Anokhin在关于中介效应的研究中指出，在验证解释变量与被解释变量的关系时，不仅需要考虑直接的效应关系，还应对解释变量和中介变量对被解释变量的共同作用进行分析。控制中介变量共生后，若网络嵌入对产品创新的回归结果不显著，也就是说网络嵌入的影响完全消失，这表明共生在网络嵌入与产品创新之间存在完全中介作用；若在控制中介变量共生后，自变量网络嵌入对因变量的回归结果依然显著，只是系数有所变化，表明共生在网络嵌入与产品创新之间起部分中介作用。

由表4-25可知，模型10中共生对产品创新的影响通过$P<0.001$的显著性检验（β=0.273，P=0.000）。模型10中结构嵌入对产品创新的影响通过$P<0.001$的显著性检验，且其回归系数为0.262，与M2相比回归系数明显降低（M2回归系数为0.347），说明共生在结构嵌入与产品创新的关系中起部分中介作用，假设H8成立。

同理，通过表4-25中对模型11和模型12的分析，可以看出共生均通过了$P<0.001$的显著性检验，回归系数分别为0.249和0.192。在模型11中，关系嵌入对产品创新的影响通过了显著性检验（β=0.124，P=0.006），回归系数较模型3相比明显降低（模型3回归系数为0.174），说明共生在关系嵌入与产品创新之间存在中介作用，且为部分中介作用，假设H9成立。在M12中，认知嵌入对产品创新的影响结果显著（β=0.217，P=0.000），回归系数较模型4相比明显降低（模型4回归系数为0.263），说明共生在认知嵌入与产品创新的关系中起部分中介作用，假设H10成立。在网络嵌入的三个维度中，结构嵌入的相关系数下降最多，其次是关系嵌入，意味着企业网络嵌入经由共生对企业产品创新的影响作用路径中，网络结构嵌入→共生→企业产品创新是促进企业产品创新绩效提升的主要路径。

（2）基于bootstrap法的中介效应分析

为了对共生的中介效应进一步分析，本部分采用Preacher和Hayes提出的bootstrap法（模型4）进行中介效应分析，在控制企业年龄、企业规模和行业领域的情况下分别对网络结构嵌入、关系嵌入和认知嵌入与企业产品创新关系间的中介效应进行检验，样本量选择5000，结果如表4-26～表4-31所示。

表4-26表明，结构嵌入对产品创新的影响作用显著（B=0.300，t=8.080，P＜0.01），且当放入中介变量共生后，结构嵌入对产品创新的影响作用依然显著（B=0.230，t=6.030，P＜0.01）。结构嵌入对共生的正向影响作用显著（B=0.300，t=7.080，P＜0.01），共生对产品创新的正向影响作用也显著（B=0.250，t=6.272，P＜0.01）。

表4-26 结构嵌入-共生-产品创新模型中介效应检验

变量	产品			产品			共生		
	t	P	B	t	P	B	t	P	B
企业年龄	2.320	0.020	0.050	2.610	0.010	0.050	1.360	0.170	0.030
企业规模	2.601	0.010	0.050	2.560	0.010	0.050	0.210	0.841	0.000
行业领域	0.051	0.961	0.000	–0.390	0.700	0.000	–1.530	0.132	–0.011
结构嵌入	6.030	0.000	0.230	8.080	0.000	0.300	7.080	0.001	0.300
共生	6.272	0.000	0.250						
R^2	0.220			0.150			0.111		
F值	25.820			20.741			13.620		

注：B是beta回归系数，P是参数，t是对回归系数的t检验的结果。

此外，由表4-27可见，结构嵌入对产品创新影响的直接效应及共生的中介效应的bootstrap 95%置信区间的上、下限均不包括0，表明结构嵌入不仅能够直接影响产品创新，而且能通过共生的中介作用影响产品创新。结构嵌入的直接效应（0.230）和共生的中介效应（0.071）分别占总效应的75.471%和24.560%。

表4-27 结构嵌入-共生-产品创新总效应、直接效应及中介效应分解

项目	总效应	BootSE	BootLLCI	BootULCI	效应占比
共生	0.071	0.031	0.030	0.130	24.560%
直接效应	0.230	0.040	0.151	0.312	75.471%
总效应	0.300	0.050	0.201	0.411	

由表4-28可见，关系嵌入对产品创新的影响作用显著（*B*=0.231，*t*=6.270，*P*＜0.01），且当放入中介变量共生后，关系嵌入对产品创新的影响作用依然显著（*B*=0.231，*t*=6.270，*P*＜0.01）。关系嵌入对共生的正向影响作用显著（*B*=0.260，*t*=6.451，*P*＜0.01），共生对产品创新的正向影响作用也显著（*B*=0.282，*t*=6.830，*P*＜0.01）。

表4-28 关系嵌入-共生-产品创新模型中介效应检验

变量	产品			产品			共生		
	t	*P*	*B*	*t*	*P*	*B*	*t*	*P*	*B*
企业年龄	2.350	0.021	0.050	2.700	0.010	0.061	1.491	0.142	0.031
企业规模	2.760	0.012	0.051	2.760	0.011	0.061	0.410	0.680	0.011
行业领域	0.561	0.581	0.000	0.260	0.802	0.000	–0.900	0.371	–0.011
关系嵌入	4.331	0.000	0.161	6.270	0.000	0.231	6.451	0.000	0.260
共生	6.830	0.000	0.282						
R^2	0.191			0.112			0.090		
*F*值	21.650			14.021			11.482		

此外，由表4-29可见，关系嵌入对产品创新影响的直接效应及共生的中介效应的bootstrap 95%置信区间的上、下限均不包括0，表明关系嵌入不仅

能够直接影响产品创新，而且能通过共生的中介作用影响产品创新。关系嵌入的直接效应（0.162）和共生的中介效应（0.071）分别占总效应（0.230）的68.820%和31.231%。

表4-29 关系嵌入-共生-产品创新总效应、直接效应及中介效应分解

项目	总效应	BootSE	BootLLCI	BootULCI	效应占比
共生	0.071	0.030	0.030	0.120	31.231%
直接效应	0.162	0.052	0.061	0.250	68.820%
总效应	0.230	0.061	0.121	0.340	

表4-30表明，认知嵌入对产品创新的影响作用显著（B=0.291，t=7.890，P＜0.01），且当放入中介变量共生后，认知嵌入对产品创新的影响作用依然显著（B=0.211，t=5.810，P＜0.01）。认知嵌入对共生的正向影响作用显著（B=0.291，t=7.130，P＜0.01），共生对产品创新的正向影响作用也显著（B=0.251，t=6.290，P＜0.01）。

表4-30 认知嵌入-共生-产品创新模型中介效应检验

变量	产品			产品			共生		
	t	P	B	t	P	B	t	P	B
企业年龄	2.720	0.011	0.050	3.140	0.000	0.071	1.841	0.070	0.040
企业规模	2.931	0.000	0.061	2.980	0.000	0.061	0.581	0.561	0.011
行业领域	−0.150	0.881	0.000	−0.641	0.521	0.000	−1.772	0.080	−0.011
认知嵌入	5.810	0.000	0.211	7.890	0.000	0.291	7.130	0.000	0.291
共生	6.290	0.000	0.251						
R^2	0.220			0.151			0.111		
F值	25.220			19.950			13.810		

由表4-31可见，认知嵌入对产品创新的影响直接效应及共生的中介效

应的bootstrap 95%置信区间的上、下限均不包括0，表明认知嵌入不仅能够直接影响产品创新，而且能通过共生的中介作用影响产品创新。认知嵌入的直接效应（0.210）和共生的中介效应（0.071）分别占总效应（0.290）的74.572%和25.431%。

表4-31 认知嵌入-共生-产品创新总效应、直接效应及中介效应分解

项目	总效应	BootSE	BootLLCI	BootULCI	效应占比
共生	0.071	0.022	0.031	0.132	25.431%
直接效应	0.210	0.044	0.132	0.291	74.572%
总效应	0.290	0.051	0.191	0.393	

3.知识吸收能力的调节效应检验与斜率分析

在前文的研究假设中提出，知识吸收能力在网络嵌入对产品创新的影响中起调节作用，根据温忠麟等学者关于验证调节效应的研究结论，本部分对知识吸收能力的调节作用进行检验。首先运用SPSS 22.0软件，采用传统的层次回归分析法对调节效应的显著性进行检验，然后借助SPSS process软件，采用海斯编制的SPSS宏中的Model 1，在控制企业年龄、企业规模和行业领域因素的基础上进一步进行调节效应检验，并对调节变量的高低分组斜率进行分析。

根据艾肯、科恩、海斯等的建议，为使回归方程的系数更具解释意义，对自变量结构嵌入、调节变量知识吸收能力和因变量产品创新首先进行中心化并计算出调节作用项，分析结构嵌入、知识吸收能力对产品创新的影响，表4-32是知识吸收能力在结构嵌入与产品创新之间的调节作用回归分析结果。结果表明网络结构嵌入程度越高、知识吸收能力越强，企业的产品创新效果越好，并且R^2为0.201；然后，分析网络结构嵌入和知识吸收能力交互项对产品创新的影响。从分析结果来看，网络结构嵌入和知识吸收能力交互项对企业产品创新的回归系数通过了显著性检验，回归系数为–0.212，其P值小于0.001，R^2较第一步增加了0.037，说明知识吸收能力调节了网络结构嵌入对产品创新的影响，假设H11成立。

表4-32 知识吸收能力对结构嵌入和产品创新的调节作用回归分析结果

回归方程		拟合指标			系数显著性		
	预测变量	R^2	R^2 变化值	F	B	t	P
第一层	企业年龄	0.032	0.032	5.158	0.119	2.598	0.010
	企业规模				0.131	2.862	0.004
	行业领域				–0.006	–1.133	0.894
第二层	企业年龄	0.201	0.168	23.080	0.107	2.572	0.010
	企业规模				0.112	2.669	0.008
	行业领域				–0.010	–0.248	0.804
	结构嵌入				0.271	6.117	0.000
	知识吸收能力				0.232	5.257	0.000
第三层	企业年龄	0.237	0.037	23.771	0.100	2.453	0.015
	企业规模				0.104	2.540	0.011
	行业领域				–0.006	–0.140	0.889
	结构嵌入				0.223	5.019	0.000
	知识吸收能力				0.170	3.762	0.000
	交互项				–0.212	–4.687	0.000

运用SPSS process软件对知识吸收能力的调节效应进行进一步的简单斜率分析，结果如图4-2所示。在低知识吸收能力的情况下，简单斜率为0.337，$P<0.001$，表明知识吸收能力越差（M–1SD）时，企业组织的结构嵌入越

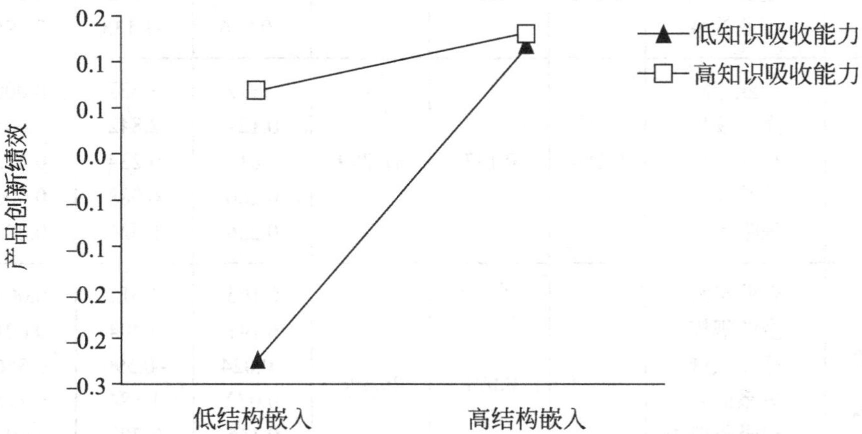

图4-2 知识吸收能力在网络结构嵌入与产品创新关系中的调节作用

差，其产品创新绩效越低，随着企业结构嵌入增强，其产品创新能力将大幅提升。当知识吸收能力较高（M+1SD）时，企业的结构嵌入程度高低对产品创新影响较小，当企业在价值网络中的结构嵌入程度增强，企业的产品创新绩效并不会得到显著提升。在低结构嵌入情况下，当企业的知识吸收能力较高，此时其产品创新绩效要远高于知识吸收能力较差的企业。从图4-2中可见，当企业的知识吸收能力较低时，结构嵌入能够有效促进企业产品创新绩效提升。

表4-33表明了知识吸收能力调节了关系嵌入对产品创新的影响。结果表明网络关系嵌入和知识吸收能力均能显著地正向预测产品创新，并且R^2为0.166；然后，通过对网络关系嵌入和调节变量交互项的回归结果可见，网络关系嵌入和调节变量的交互项对因变量产品创新的回归系数通过了显著性检验，回归系数为–0.346，其P值小于0.001，R^2较第一步增加了0.091，说明知识吸收能力调节了网络关系嵌入对产品创新的影响，假设H12成立。

表4-33 知识吸收能力对关系嵌入和产品创新的调节作用回归分析结果

回归方程		拟合指标			系数显著性		
	预测变量	R^2	R^2变化值	F	B	t	P
第一层	企业年龄 企业规模 行业领域	0.032	0.032	5.158	0.119 0.131 –0.006	2.598 2.862 –1.133	0.010 0.004 0.894
第二层	企业年龄 企业规模 行业领域 关系嵌入 知识吸收能力	0.166	0.133	18.289	0.112 0.121 0.010 0.186 0.256	2.627 2.842 0.234 4.088 5.626	0.009 0.005 0.815 0.000 0.000
第三层	企业年龄 企业规模 行业领域 关系嵌入 知识吸收能力 交互项	0.257	0.091	26.396	0.105 0.141 –0.024 0.072 0.165 –0.346	2.612 3.484 –0.590 1.584 3.703 –7.483	0.009 0.001 0.556 0.114 0.000 0.000

运用SPSS process软件对知识吸收能力的调节效应进行进一步的简单斜率分析，结果如图4-3所示。在低知识吸收能力（M–1SD）的情况下，简单斜率为0.2623，$P<0.001$，表明当知识吸收能力较差时，组织的关系嵌入越差，其产品创新绩效越低，随着组织间的联系紧密性增强，其产品创新能力将大幅提升。在知识吸收能力较高（M+1SD）的情况下，简单斜率为–0.1261，$P<0.05$，表明当知识吸收能力较强时，企业的关系嵌入程度越低，产品创新情况越好，随着企业关系嵌入增强，企业的产品创新绩效随之降低。当企业同为低关系嵌入情况时，高知识吸收能力企业的产品创新绩效要远高于低知识吸收能力的企业。

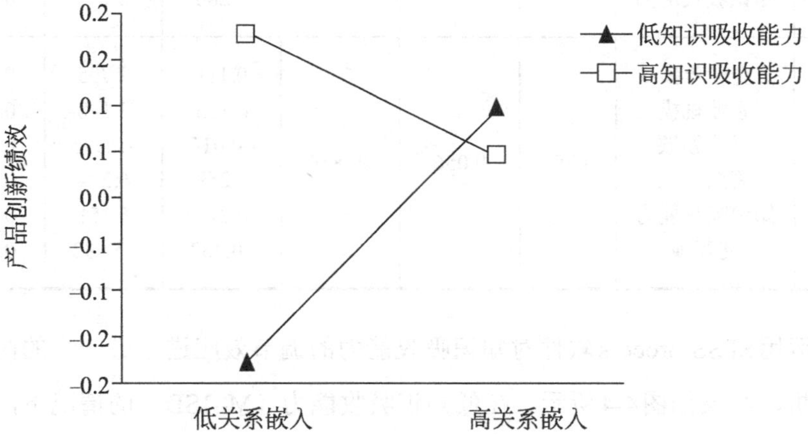

图4-3 知识吸收能力在网络关系嵌入与产品创新关系中的调节作用

表4-34是知识吸收能力在认知嵌入与产品创新间的调节作用回归分析结果。结果表明网络认知嵌入和知识吸收能力均能显著地正向预测产品创新，并且R^2为0.224；然后，做网络认知嵌入和知识吸收能力交互项对产品创新的回归，结果表明网络认知嵌入和知识吸收能力交互项对企业产品创新的回归系数通过了显著性检验，回归系数为–0.252，与之对应的P值小于0.001，且R^2较第一步增加了0.056，说明知识吸收能力在网络认知嵌入对产品创新的影响中起调节作用，假设H13成立。

表4-34 知识吸收能力对认知嵌入和产品创新的调节作用回归分析结果

<table>
<tr><th colspan="2" rowspan="2">预测变量</th><th colspan="3">拟合指标</th><th colspan="3">系数显著性</th></tr>
<tr><th>R^2</th><th>R^2 变化值</th><th>F</th><th>B</th><th>t</th><th>P</th></tr>
<tr><td>第一层</td><td>企业年龄
企业规模
行业领域</td><td>0.032</td><td>0.032</td><td>5.158</td><td>0.119
0.131
–0.006</td><td>2.598
2.862
–1.133</td><td>0.010
0.004
0.894</td></tr>
<tr><td>第二层</td><td>企业年龄
企业规模
行业领域
关系嵌入
知识吸收能力</td><td>0.224</td><td>0.192</td><td>26.601</td><td>0.126
0.125
–0.020
0.302
0.280</td><td>3.055
3.039
–0.497
7.255
6.746</td><td>0.002
0.003
0.620
0.000
0.000</td></tr>
<tr><td>第三层</td><td>企业年龄
企业规模
行业领域
关系嵌入
知识吸收能力
交互项</td><td>0.281</td><td>0.056</td><td>29.836</td><td>0.111
0.125
–0.016
0.259
0.214
–0.252</td><td>2.795
3.148
–0.396
6.374
5.151
–5.993</td><td>0.005
0.002
0.692
0.000
0.000
0.000</td></tr>
</table>

运用SPSS process软件对知识吸收能力的调节效应进行进一步的简单斜率分析，结果如图4-4所示。在低知识吸收能力（M–1SD）的情况下，简单斜率为0.379，$P < 0.001$，表明当知识吸收能力较差时，企业组织的认知嵌入越差，其产品创新绩效越低，随着企业的认知嵌入增强，其产品创新能力将大幅提升。在知识吸收能力较高（M+1SD）的情况下，简单斜率为0.043，$P < 0.05$，表明当知识吸收能力较强时，企业的认知嵌入程度高低对产品创新变化的影响较小，随着企业认知嵌入增强，企业的产品创新绩效提升幅度较小。当企业同为低认知嵌入情况时，高知识吸收能力企业的产品创新绩效要远高于低知识吸收能力的企业。在低知识吸收能力的背景下，互联网企业的认知嵌入对产品创新的促进作用更加显著。

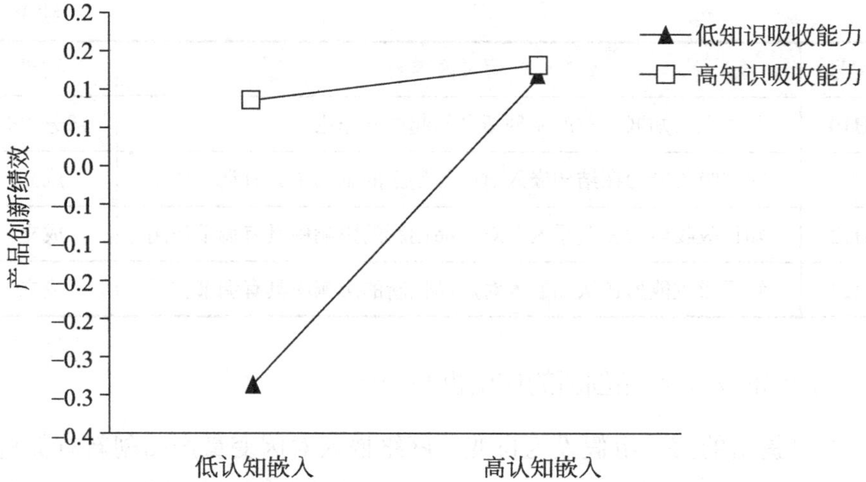

图 4-4　知识吸收能力在网络认知嵌入与产品创新关系中的调节作用

（四）结果与讨论

本研究提出了13个假设，根据科学的研究逻辑和程序，对通过问卷调查收集来的数据进行统计分析，对提出的假设进行一一检验，检验结果汇总见表4-35。

表4-35　研究假设检验结果汇总

编号	假设内容	结果
H1	结构嵌入与产品创新正相关	成立
H2	关系嵌入与产品创新正相关	成立
H3	认知嵌入与产品创新正相关	成立
H4	结构嵌入与共生正相关	成立
H5	关系嵌入与共生正相关	成立
H6	认知嵌入与共生正相关	成立
H7	共生与产品创新正相关	成立
H8	共生在结构嵌入与产品创新之间起中介作用	部分中介
H9	共生在关系嵌入与产品创新之间起中介作用	部分中介

续表

编号	假设内容	结果
H10	共生在认知嵌入与产品创新之间起中介作用	部分中介
H11	知识吸收能力在结构嵌入对产品创新的影响中具有调节作用	成立
H12	知识吸收能力在关系嵌入对产品创新的影响中具有调节作用	成立
H13	知识吸收能力在认知嵌入对产品创新的影响中具有调节作用	成立

1.网络嵌入对产品创新的作用机制分析

本书提出的第一组假设为自变量网络嵌入对因变量产品创新有促进作用，并分别就网络嵌入维度中的结构嵌入、关系嵌入和认知嵌入与产品创新的关系提出假设。经过实证检验，假设H1：网络结构嵌入与产品创新正相关得到支持；H2：网络关系嵌入与产品创新正相关得到支持；H3：网络认知嵌入与产品创新正相关得到支持。从实证数据上来看，结构嵌入的回归系数为0.347，关系嵌入的回归系数为0.174，认知嵌入的回归系数为0.263。由此可见，网络结构嵌入对产品创新的影响程度最大，其次是认知嵌入，最后是关系嵌入。

第一，网络结构嵌入对企业产品创新具有积极影响。这一实证检验结果与何建华、周飞、孟迪云的观点相一致。结构嵌入程度决定了组织在价值网络中所拥有的话语权、所拥有的资源区别于其他企业的程度和网络规模，影响着组织信息和资源的获取，是企业实现产品创新绩效提升的重要源泉。首先，企业的网络结构嵌入越强，价值网络中所联结的主体数量越多，因此拓宽了互联网企业对于知识、技术、信息等资源的获取渠道，增加了组织主体为用户提供服务的机会，进一步改善企业产品创新效果。在价值网络中，拥有更多社会关系的企业往往意味着更具有识别客户需求、实现精准定位的优势，有利于创新机会发现和快速创造新价值。对于互联网企业来说，更大的网络规模意味着更多的合作伙伴和更多的资源，有利于联盟伙伴间知识共享和资源整合，获得互补性信息和知识，接触和捕捉更多的研发灵感和经营创意，为组织提高产品创新绩效提供新思路。其次，组织的网络结构嵌入能力越强，组织在网络中的中心性就越高，这表明了组织拥有更高的权力地位。处于网络中心的企业拥有较其他企业更强的话语权和控制权，资源享有度更高，知识流动更快，创新效率更高。具有较高中心性的企业主体在网络资源配置中引领全局，运用自身的带动能力推动合作主体进行创新。从网络结构角度来看，处于中心地位的企业具有地位优势，能够接触更多的网络成员，并与之构建联系，从而更易于获得有价值的知识和资源。此外，通过自身的中心性，企业主体易于与更多企业形成联盟关系，减少资本流通成本，实现能力、资源互补，提高创新效率，实现价值共创。最后，组织与合作伙伴的联结性越强，就越有利于获取与其他主体不同的资源，也就是说具有知识距离和知识差异的合作伙伴为价值网络中主体提供的非冗余性知识种类更为丰富。随着企业外部网络中合作伙伴的增多，获取不同于其他组织主体资源的比例也将持续增加，这有利于企业新创意、互补性技术和非冗余性知识的获取，这些资源要素都能够促进互联网企业产品创新活动的进行。

第二，网络关系嵌入对提高企业产品创新绩效具有促进作用。这一研究结果与托尔托列洛和克拉克哈特、孟迪云等人观点相似。网络关系嵌入程度决定了企业所处网络的关系质量和关系强度。在开放式创新背景下，网络中的企业与合作伙伴通过跨企业、行业边界进行知识共享和组织合作，从而实现价值共创，这有利于企业进行产品和商业模式创新。合作伙伴间的关系质量和关系强度会对产品创新产生不同影响，良好的互动互惠关系对不同类型的产品创新产生促进作用。社会网络的关系嵌入使网络主体间形成资源共享意识，实现深度交流和信息交换。现如今，中国正处于传统经济模式转型时期，互联网企业的多种营销模式出现，企业内嵌于价值网络中的合作关系对于加速企业创新具有推动作用。关系嵌入影响网络主体间的资源共享程度，进而影响企业交流和信息交换的质量。通过深度交流和互动，关系性嵌入有利于获得隐性知识，提升变异感知能力和信息诠释能力，从而提高企业产品创新绩效。

第三，网络认知嵌入对提高企业产品创新绩效具有促进作用。互联网企业合作网络的形成为合作伙伴创造了具有共同情感认同的创新文化氛围，形成一致的经营观和价值观。在某种程度上，合作伙伴间的共同价值观和共同语言有利于降低企业间接触难度，提高信息获取能力。反之，具有差异性的经营认知和创新法则容易造成合作伙伴交流限制和背离。另一方面，从社会网络理论来看，网络嵌入构建共同的价值创造意识和企业家精神，降低了机会主义的比率，增强了信任和理解，进而对企业产品创新绩效产生积极影响。

2.共生对产品创新的作用机制分析

在本书的研究模型中，共生是中介变量。随着企业创新趋势呈现网络化、开放化，网络主体间出现类似生物群体的共生。共生的实质是共生单元间进行知识流动和共享、互动合作，产生共生价值的行为，并进一步对企业创新行为产生积极作用。在共生的过程中，企业通过共生界面与合作伙伴实现资源共享、知识流动等互动行为，目的是产生共生能量以推动创新。从发展过程来看，互联网企业的产品创新呈现着从简单线性的技术推动型向系统集成与网络化演变的发展方向，企业的产品创新行为不仅仅表现为自主创新或合作创新，更深层次地发展为共生。共生单元数量越多，表明网络组织的协同共生效率越高。共生界面扩展较好，说明企业对平台建设的战略意识较强，有利于共生介质的培养，有利于网络主体寻求资源互补的合作伙伴，提高市场敏感度，获得更多的合作机会，促进创新能力提升。共生能量分配较好，表明企业主体在知识传递和吸收过程中的阻力较小，资源共享效率较高，隐性和显性知识吸收能力较强，从而获得资源竞争优势，提高产品创新绩效。

3.共生的中介作用

从本书的实证结果可以看出企业间的共生对企业网络嵌入与企业产品创新存在显著的中介作用，且是部分中介作用。网络结构嵌入中的网络规模、中心性和异质性都与共生有关。首先，价值网络规模决定着共生单元的数量，网络中共生单元的数量越多，与企业主体产生合作关系的伙伴就越多，共生基质就越丰富。由于互联网企业价值网络具有显著的双边网络效应，即处于价值网络中的主体通过合作，使双方效益都得到提升，实现双赢，随着网络中汇集的主体越多，创造的效益越多，越可以吸引更多的合作伙伴进入价值网络中。随着网络规模的扩大，共生基质大幅增加，意味着价值网络中蕴含的资源和信息规模壮大，有利于企业主体吸收有用资源，弥补自身资源不足，从而促进共生。网络中心性越高的组织越处于价值网络的中心地位，这些组织拥有更优越的共生界面，即拥有更多的方式和渠道获取资源和知识吸收能力，丰富的共生界面有利于企业在知识吸收和资源整合过程中占据优势，并占据主导地位，有利于制造更多共生能量，从而推动共生的发生。互联网企业网络异质性程度越高，表明组织主体存在机会与不同类型、地域、行业的组织合作，并通过不同渠道获取资源和知识，价值网络中的异质性资源有利于企业弥补自身资源缺陷，准确把握市场动向、行业趋势、顾客偏好等情况，即网络异质性能为企业间共生提供资源基础。

关系嵌入研究的内容是网络主体间的交易互动关系，其衡量标准是合作伙伴间相互信任理解和协同合作的程度，通常以关系的内容、方向和强度作为衡量标准。信任、资源共享和互利协同是关系嵌入的三个维度，同时也是共生的前提条件。组织由关系嵌入产生的共生有利于获取信息资源，组织在经营创新活动时充满了不确定性，其中无法及时获得信息是组织创新失败的最根本原因。组织要想在竞争的环境中保持较强的竞争力，就要借助准确的市场信息对市场走向和客户需求进行判断，敏锐察觉市场变化，充分利用各种资源收集市场信息并进行高效处理。企业通过关系嵌入进入网络是为了获取其中的制度和技术知识，企业的潜在合作伙伴越多，关系越密切稳定，越易于获取知识，组织更容易产生与其他合作主体的共生，从而有利于推动组织进行创新活动。

网络认知嵌入的主要内容是企业与网络组织中合作者的共性认知范式。在网络认知范式下，网络主体间合作代表着企业间拥有更多的认知规范和共同语言。在某种程度上，彼此间的共同语言有利于提高企业获取信息的能力和知识吸收能力，降低网络行动者之间的信息不对称性和交易不确定性，有利于进一步降低企业间沟通障碍和沟通成本，从而达成协同和共生的目的。企业间形成相近价值观和社会定位有助于获取合作伙伴的彼此认同感，从而减小沟通难度，突破沟通壁垒。在企业社会定位和社会责任方面形成共识，可以使共生协调性更佳，有利于显性知识的有效传递，促进组织共同成长，积极进行创新，这样稳定的合作有利于组织产品创新绩效提升。

4.知识吸收能力的调节作用

通过对假设的实证检验，研究发现知识吸收能力在网络结构嵌入和产品创新之间起调节作用，即知识吸收能力影响网络结构嵌入、关系嵌入和认知嵌入对企业产品创新的促进作用。

通过SPSS process软件对知识吸收能力的调节效应进行进一步的简单斜率分析，结果表明高知识吸收能力在结构嵌入对产品创新的影响中所起的调节作用较小，在相同结构嵌入水平的情况下，高知识吸收能力的企业产品创新能力起点更高。随着企业在价值网络中的网络规模增大，企业在价值网络中所处的位置变得优越，本企业与其他企业的知识异质性程度增强，此时知识吸收能力对企业产品创新提升幅度的影响不大。也就是说，无论企业结构嵌入情况如何，企业产品创新绩效提升受高知识吸收能力的影响是很弱的。

从知识吸收能力对网络关系嵌入对产品创新影响的调节作用来看，当企业知识吸收能力较差时，企业与价值网络中的其他主体互动较少，产品创新能力较差，随着网络间主体的联系加强、互动增多，企业的产品创新绩效得到提升。当企业的知识吸收能力处于较强水平时，随着企业的网络关系嵌入增强，产品创新能力却呈下降趋势，这是因为当企业能够很好地进行知识共享和吸收时，更易造成知识同化和溢出，反而对产品创新起反向影响。该结果与Granovetter对于网络关系的研究结论不谋而合：与强联系相比，具有弱联系的企业间的资源互补性和信息互补性更强，当关系嵌入处于相同水平时，具有高知识吸收能力的企业其产品创新绩效要远高于低知识吸收能力的企业。

从知识吸收能力对网络认知嵌入对产品创新影响的调节作用来看，当知识吸收能力较差时，企业组织的认知嵌入较差，其产品创新绩效较低，随着企业的认知嵌入增强，其产品创新能力将大幅提升，而高知识吸收能力在认知嵌入对产品创新的影响中所起的调节作用较小，在相同认知嵌入水平的情况下，高知识吸收能力的企业产品创新能力起点更高。当企业合作者彼此之间达成更多的共识，在经营理念、企业文化方面拥有更多的共同点时，知识吸收能力对企业产品创新提升幅度的影响不大。也就是说，无论企业认知嵌入情况如何，企业产品创新绩效提升受高知识吸收能力的影响是很弱的。

第五章

互联网企业产品创新绩效评估

一、层次分析法（DANP）与网络结构评估法（PROMETHEE）

（一）层次分析法（DANP）

DANP方法是决策实验室分析法（DEMATEL）与网络分析法（ANP）的高效结合。决策实验室分析方法，旨在运用图论与矩阵工具从多层次的因果关联中建立一个能探索现实世界中复杂问题的相互关系网络。该方法通过系统因素之间的直接逻辑关联来建立直接影响矩阵，依据多个影响矩阵得到各因素对其他因素的综合影响程度、被影响程度，进而计算得出各因素的中心度和原因度，再基于各因素的中心度和原因度来判断各因素间、维度间的因果关系以及对目标系统的重要程度。目前，DEMATEL方法被学者们广泛应用于识别系统关键因素的研究中。赵莉等利用DEMATEL模型从内外部角度对后发企业突破性创新的影响因素进行了分析，在厘清因素间关系的同时，识别出关键的影响因素，为后发企业技术创新扫除障碍，锁定突破创新的实现路径。卢新元等从发包方、众包平台、接包方三个层面建立了用户参与众包模式的影响因素，并利用模糊DEMATEL方法分析用户的参与行为。DEMATEL方法还被用于社区知识共享影响因素识别、供应链企业知识创造影响因素识别、企业绿色增长评估等研究中。

在功能上，DANP方法实现了DEMATEL方法中的对多因素复杂关系中影响因素相互关系的挖掘以及ANP方法中对各因素权重的计算。同时，在性能上相较于ANP方法的比较矩阵，其方法采用综合影响矩阵，降低了ANP方法成对比较的复杂性，探析了系统中各因素的依赖与作用关系。

企业在服务生态系统中开展服务创新是一个多标准决策的复杂过程，目前解决多标准决策问题有许多方法，如AHP、TOPSIS、VIKOR等。其中，ANP方法的基础就是AHP方法。AHP（analytic hierarchy process，层次分析）方法是由萨蒂教授在1976年提出的，其逻辑架构包括目标层、准则层和方案层。AHP方法存在几个基本的假设，包括：层次之间不存在反馈支配的关系，层次内各要素相互独立，跨层次的要素不存在直接关系。基于这些基本假设，AHP方法构建判断矩阵，对各层级中统一准则下要素的重要度进行相互比较，并利用矩阵运算等一系列数学方法得到各要素的权重，以做出合理的决策。

然而，包括AHP在内的许多多标准决策方法都假设各个标准相互独立，这种假设对许多现实问题并不成立，特别是在一个生态系统中，所有要素在大多数情况下存在着相互作用的关系。例如，在本研究中，A2A网络的规模对于价值主张、资源整合、制度化过程都有着明显的影响。为此，萨蒂提出网络层次分析法以解决标准间的依赖、反馈关系。ANP将系统元素划分为控制层和网络层，其中控制层包括需要实现的目标和决策中采取的准则，而网络层则包括所有受到控制层支配的要素。在控制层中，各个决策准则被认为是相互独立的。但是在网络层中，各个要素之间不再是独立的，而是相互影响和制约的，所有这些要素构成一个相互依赖并反馈的网络结构。之后，根据这些网络结构，ANP构建判断矩阵，比较准则层要素以及所有网络层要素的优势度，计算得到各个要素的权重。

但ANP方法也有其自身的不足。在ANP方法中，通常假定决策问题网络结构已知，并且各元素集权重相同，这与事实并不相符；而且当ANP中元素较多时，比较矩阵过多，部分比较矩阵没有明确的含义，难以解释，使得回答问卷的决策者无法提供准确信息。因此，近年来，综合多种方法进行多标准决策的做法被广泛采用。在其中，将DEMATEL和ANP结合是发展最为迅速的方法之一。

综合运用DEMATEL和ANP的方法大致可分为4类，分别是：层次分析法网络关系图（NRM）、ANP中的内部依赖程度、集群加权ANP、DANP。在层次分析法网络关系图方法中，DEMATEL用于构建网络关系图，以明确ANP方法中整体的网络结构。在ANP中的内部依赖程度方法中，DEMATEL方法用于确定各要素间的影响关系，通过设定阈值的方法，减少相互影响的要素，从而减少ANP中的比较矩阵，简化运算过程。集群加权ANP方法是利用DEMATEL方法计算出各个簇群也就是各个元素集的权重，并把其应用到ANP中去，从而提高各个要素权重的准确性。

DEMATEL-Based ANP（DANP）方法集合了其他3种方法的优点，在实际应用中比ANP方法更加有效，因此方法一经提出，就得到迅速发展，应用于政策评估、风险分析、因素研究等领域，成为多标准决策的重要方法。

DANP方法中，DEMATEL用于解决多因素交织系统的影响因素问题，它充分利用专家经验知识，通过图论与矩阵工具计算各因素影响度、被影响度、中心度及原因度，以矩阵或有形图方式，将因素间关系转换为可理解的系统结构模型。同时，DANP方法采用综合影响矩阵代替ANP中的成对比较矩阵，并使用ANP计算方法得到各因素权重，既降低了ANP方法的复杂性，又解决了系统中各因素的依赖和反馈关系。因此，本文采用DANP方法，识别服务生态系统中服务创新要素的相互影响关系和指标权重。

DANP方法可以分为两个部分，第一部分是应用DEMATEL方法构建网络关系图，第二部分是将DEMATEL计算结果引用到DANP方法中，计算指标权重，具体过程如下：

（1）构建网络关系图

第一步：利用专家打分得到直接影响矩阵。

第二步：基于直接影响矩阵求出规范化矩阵。

第三步：利用规范化矩阵计算综合影响矩阵。

第四步：根据矩阵$\boldsymbol{X}$，可以得到准则层和网络层各个要素的影响度、被影响度和中心度。

（2）利用DANP方法确定影响因素权重

DANP方法的一大优势就是利用DEMATEL方法得到的综合影响矩阵，替代了ANP方法中大量的比较判断矩阵，因此在本部分中将利用DEMATEL方法得到的结果与ANP方法的思想结合，得到各个影响因素的权重。

第五步：基于DEMATEL方法，可以分别得到准则层的综合影响矩阵和网络层的综合影响矩阵。

第六步：把在第五步中得到的网络层标准化矩阵做转置运算，得到新的$n \times n$矩阵，即为DANP方法中的未加权超矩阵。

第七步：在本步骤中，需要将得到的准则层标准化矩阵中的各个元素与未加权超矩阵的对应子矩阵相乘，从而实现对各个子矩阵加权，并最终得到加权超矩阵。

第八步：在得到的加权超矩阵的基础上，对矩阵做乘方运算，当乘方的次数趋近无穷时，即可得到结果收敛稳定的极限超矩阵，矩阵中各个要素对应的值即为该要素的权重。

（二）网络结构评估法（PROMETHEE）

PROMETHEE方法是由Brans等提出的一种多属性决策方法。这种方法主要通过决策者给出的偏好函数、评估指标以及确定的权重值等进行综合计算，根据优先偏好指数确定备选项的排名。PROMETHEE方法的基本思路主要包括两个基本步骤：首先是在方案集中构造一种基于特定准则赋值的优先函数，反映决策者的偏好；然后利用偏好函数和属性权重，对备选方案进行两两比较，分别求出每个备选方案相对于其他备选方案的偏好指标，再进一步求出每一方案的流出量（positive flow）、流入量（negative flow）和净流量（net flow）（即流出量减去流入量），最后根据优先序关系确定方案的完全排序。由于该方法易于理解且计算简单，对于实际的问题经济意义比较明确，因此该技术方法已经被广泛应用到各个领域，如运输管理及环境工程等，近年来，已被学者们广泛用于供应商选择、选址问题及能源实践选择等研究中。马查里斯和贝马尔迪尼指出，适当的加权更有利于提高PROMETHEE结果的准确性。因此，本研究结合DANP方法与PROMETHEE方法对备选方案进行排序，以便决策者可以在多个基于客户的创新实践中做出更好的选择。

二、产品创新评估思路与影响因素识别

（一）产品创新评估思路

对于产品创新的研究一直受学者的广泛关注，但聚焦于价值网络视角下产品创新评估的研究为数不多，本研究在前文研究的基础上，借鉴以往对产品创新的研究成果，从价值网络视角出发，对原有的产品创新影响因素加以整合扩充。由于对企业产品创新产生影响的因素具有多样性和复杂化的特点，所以准确识别出具有重要影响作用的根源性因素具有一定的难度。本部分选取的DEMATEL模型中的原因度能测量因素间的影响关系和根源度，中心性能有效测度不同因素的重要性程度，结合DANP方法，有效地解决了影响因素判别和产品创新评估权重获得问题。PROMETHEE是一种多属性决策方法，根据优先偏好和属性权重确定优先序关系，从而达到绩效评估的目的。本部分的研究框架和程序如图5-1所示。

（二）影响因素识别与权重获得

1.影响因素指标体系建立

互联网企业的产品创新绩效提升受多方面因素协同影响。为了全面、正确地列举产品创新的影响因素，本部分将文献分析法和专家访谈法相结合，在前文研究的基础上对有关国内外产品创新因素的相关文献进行研究和汇总，同时对相关领域的专家和学者、互联网企业的高层管理者、相关研究院所的研究人员进行访谈，运用头脑风暴法列举产品创新的影响因素，与通过文献分析法得出的影响因素进行对比和归类，初步确定影响因素指标体系。具体筛选步骤如下：

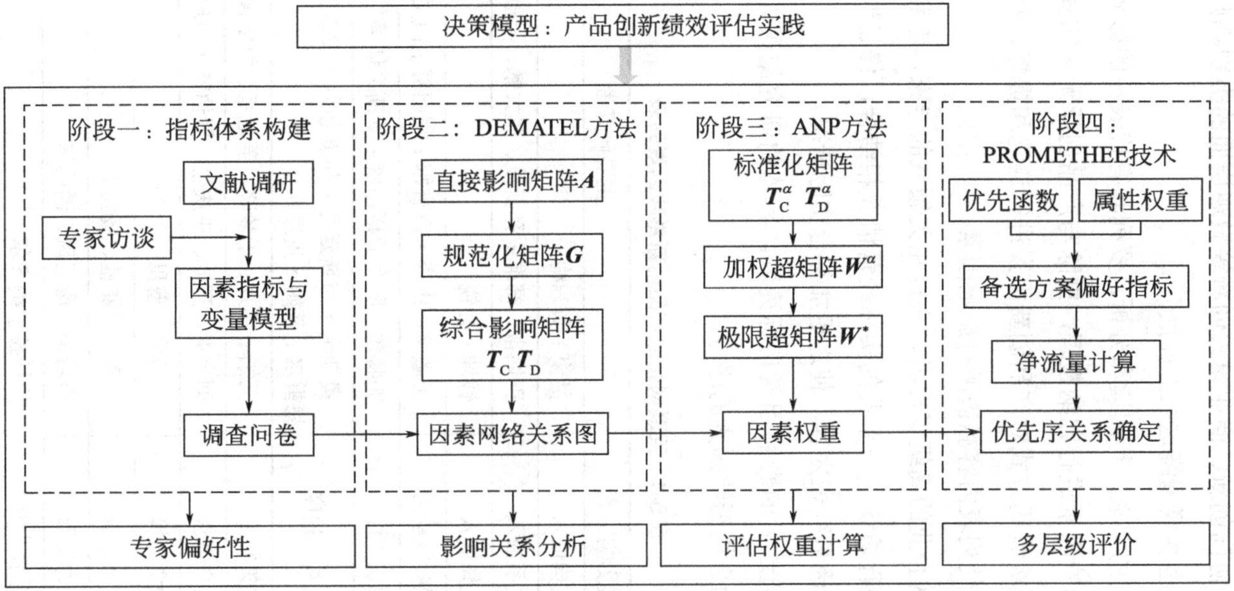

图 5-1　基于价值网络的产品创新评估的框架模型及研究流程

① 选择合适的检索条件，以产品创新为关键词对公开发表的文献、硕博士学位论文、国内外期刊论文和会议文献进行检索。本书将学界高频出现的开放式创新、协同创新、商业模式创新等微观层面的类别都归于产品创新中，文献的检索也主要围绕这些方面展开。

② 对检索到的文献进行阅读和分析，罗列具有代表性的影响因素，将具有类似性质的影响因素进行归纳整理，剔除与产品创新无关的多余因素，运用扎根理论的逐级编码方式对产品创新因素进行遴选和提炼，将重合因素进行合并和删减，使列表内容涵盖所有影响因素。

③ 对互联网企业的高级管理者、高校相关领域的专家学者和相关科研院所的研究人员进行访谈，与企业的实际经营情况相结合，修正通过第二步骤初步得出的影响因素列表内容，使之更加符合实际情况。

④ 确定筛选过后的影响因素指标列表。具体的研究结果如表5-1所示，表中A1～D4为直接影响因素的序号。

表5-1 互联网企业产品创新影响因素列表

序号	直接影响因素	主要研究者
A1	结构嵌入	吴俊；黄东梅
A2	关系嵌入	王炳富、郑准；孙新波、张大鹏、吴冠霖、钱雨
A3	认知嵌入	钱坤；孙锐
B1	知识吸收能力	王敏路；杰森·卢吉娜；程丽舒；凯文·郑周
B2	知识特性	帕特尔；阿利亚斯加尔；罗斯；切蒂
B3	知识共享程度	奥斯卡·布斯廷扎；伊曼纽尔·戈麦斯；费兰·本德雷尔；蒂姆·贝恩斯
C1	政策制度	王娟；颜卉、于梦晓、姜道奎、尹学锋
C2	用户需求	刘宇青、邢博、王庆生；罗伯特·库珀
C3	融资环境	王益锋、曹禺
C4	市场竞争	许晖、范雅楠、杨沁心
D1	人力资源	李巧华、唐明凤、潘明清
D2	领导者才能	坎托拉；纳齐尔
D3	技术水平	齐旭高、周斌、吕波；朱金伟；王阳阳；王昌宇
D4	战略导向	余子鹏、王今朝

2.基于DANP的影响因素关系分析与权重获得

本部分运用DANP方法对上文得出的影响因素指标体系的内在关系进行分析，并结合MATLAB软件得出基于价值网络的产品创新评估权重。DANP方法将DEMATEL与ANP高效结合，不仅能够深入挖掘各个因素指标间的相互关系，同时还能够计算各因素指标的权重。同时，其方法采用综合影响矩阵，规避了ANP方法中因素成对比较的复杂性，深入挖掘指标体系中各因素、维度中指标的复杂作用关系和依赖状态。在政策评估、因素研究等领域广泛应用。

（1）基于DEMATEL的影响因素识别与关系分析

首先，根据前文构建的企业产品创新影响因素指标体系，向70名专家（包括25位相关领域的资深学者，20位互联网企业运营经验丰富的高层管理者以及25位科研机构的研究人员）发放调查问卷，采用0～4标度对影响程度进行评分，0表示一个因素对另一个因素的影响程度为“无”，4表示一个因素对另一个因素的影响程度为“很强”。对问卷数据进行分析评估。

然后，构建直接影响矩阵$\boldsymbol{A}$。依据维度和因素间的相互关系收集问卷数据，并加以平均，得到直接影响矩阵$\boldsymbol{A}=[a_{ij}]_{n\times n}$，$a_{ij}$表明$i$元素影响$j$元素的程度，$n$为因素数量。首先运用式（5-1）、式（5-2）对直接矩阵$\boldsymbol{A}$进行计算，得到规范化矩阵$\boldsymbol{G}$，再利用式（5-3）计算因素维度和因素的综合影响矩阵，从而得到各因素的综合影响关系，结果如表5-2所示。

$$\boldsymbol{G}=k\boldsymbol{A} \tag{5-1}$$

$$k=\min\left\{\frac{1}{\max\limits_{i}\sum_{j=1}^{n}a_{ij}},\frac{1}{\max\limits_{j}\sum_{i=1}^{n}a_{ij}}\right\} \tag{5-2}$$

$$\boldsymbol{T}=\boldsymbol{G}+\boldsymbol{G}^{2}+\boldsymbol{G}^{3}+\cdots=\boldsymbol{G}(\boldsymbol{I}-\boldsymbol{G})^{-1} \tag{5-3}$$

表 5-2 互联网企业产品创新因素综合影响矩阵 T_C

序号	A1	A2	A3	B1	B2	B3	C1	C2	C3	C4	D1	D2	D3	D4
A1	0.037	0.115	0.093	0.078	0.026	0.120	0.003	0.012	0.003	0.007	0.010	0.003	0.021	0.011
A2	0.106	0.074	0.178	0.124	0.018	0.178	0.002	0.023	0.005	0.008	0.010	0.002	0.030	0.015
A3	0.118	0.197	0.064	0.151	0.025	0.143	0.003	0.021	0.003	0.007	0.008	0.002	0.031	0.014
B1	0.136	0.156	0.128	0.053	0.014	0.080	0.002	0.023	0.004	0.011	0.010	0.002	0.122	0.017
B2	0.104	0.161	0.126	0.172	0.009	0.171	0.004	0.036	0.004	0.010	0.010	0.001	0.070	0.018
B3	0.141	0.190	0.162	0.122	0.018	0.063	0.005	0.028	0.004	0.010	0.011	0.001	0.078	0.016
C1	0.207	0.211	0.122	0.092	0.030	0.159	0.004	0.119	0.137	0.117	0.127	0.003	0.074	0.175
C2	0.157	0.123	0.106	0.086	0.019	0.108	0.006	0.033	0.015	0.115	0.104	0.003	0.180	0.173
C3	0.177	0.159	0.114	0.085	0.022	0.112	0.008	0.032	0.009	0.075	0.101	0.002	0.090	0.117
C4	0.168	0.157	0.118	0.091	0.021	0.115	0.007	0.108	0.088	0.030	0.128	0.002	0.173	0.159
D1	0.068	0.073	0.068	0.064	0.019	0.059	0.002	0.019	0.006	0.029	0.013	0.004	0.082	0.057
D2	0.162	0.102	0.101	0.091	0.017	0.091	0.004	0.021	0.007	0.025	0.111	0.002	0.082	0.151
D3	0.057	0.060	0.061	0.131	0.010	0.059	0.002	0.087	0.007	0.051	0.022	0.002	0.040	0.061
D4	0.150	0.118	0.132	0.089	0.020	0.100	0.003	0.037	0.005	0.025	0.129	0.003	0.082	0.021

利用式（5-3）计算得到维度的综合影响关系，结果如表5-3所示。

表5-3 互联网企业产品创新维度综合影响矩阵 T_D

序号	A	B	C	D
A	0.322	0.345	0.239	0.410
B	0.701	0.273	0.268	0.461
C	0.800	0.481	0.210	0.688
D	0.599	0.493	0.233	0.291

因素的中心度c_i=d_i+r_i反映该因素t_i在系统中的重要性；原因度h_i=d_i−r_i反映因素的影响力，当原因度大于零，表示t_i影响其他因素，是原因因素；h_i小于零，则说明t_i受其他因素影响，是结果因素。产品创新因素层面的中心度和原因度分析如表5-4所示。

表5-4 互联网企业产品创新因素DEMATEL分析结果

因素	影响度	被影响度	中心度	排名	原因度	排名
结构嵌入	0.538	1.788	2.326	4	–1.250	14
关系嵌入	0.773	1.895	2.668	1	–1.122	13
认知嵌入	0.786	1.575	2.361	3	–0.789	12
知识吸收能力	0.757	1.427	2.184	5	–0.669	10
知识特性	0.895	0.268	1.163	13	0.627	6
知识共享程度	0.849	1.559	2.408	2	–0.710	11
政策制度	1.577	0.051	1.628	10	1.525	1
用户需求	1.229	0.599	1.828	8	0.631	5
融资环境	1.102	0.297	1.398	11	0.805	4
市场竞争	1.364	0.519	1.883	7	0.846	3
人力资源	0.561	0.793	1.354	12	–0.232	8
领导者才能	0.966	0.032	0.997	14	0.934	2
技术水平	0.649	1.155	1.803	9	–0.506	9
战略导向	0.913	1.003	1.916	6	–0.090	7

在表5-4中，中心度排名前三位的因素分别是关系嵌入、知识共享程度和认知嵌入。原因度排名前三位的因素分别是政策制度、领导者才能和市场竞争。产品创新维度层面分析如表5-5所示。其中，网络嵌入的中心度最高，其次是组织性能，环境触发的原因度最高，其次是知识管理维度。

表5-5 互联网企业产品创新维度DEMATEL分析结果

维度	影响度	被影响度	中心度	排名	原因度	排名
网络嵌入	1.316	2.422	3.737	1	–1.106	4
知识管理	1.702	1.591	3.293	3	0.111	2
环境触发	2.178	0.949	3.128	4	1.229	1
组织性能	1.616	1.850	3.465	2	–0.234	3

根据专家意见及反复试验进行数据微调，对具体维度和可以忽略不计的因素进行删减之后，分别以中心度$d+r$、原因度$d-r$为横、纵坐标，得到企业产品创新指标体系中维度和因素层面的网络关系图（见图5-2），箭头指向表示其他指标对其影响程度。

从图5-2可见，各个图中的横坐标为属性t_i在系统中的重要性；纵坐标$h_i=d_i-r_i$，若大于零，表示t_i对其他因素产生影响；h_i处于横坐标下方，则说明其他因素影响了该因素。

（2）利用DANP方法确定影响因素权重

把利用DEMATEL方法得到的综合影响矩阵$\boldsymbol{T}_{\mathrm{D}}$、$\boldsymbol{T}_{\mathrm{C}}$按照式（5-4）～式（5-8）进行标准化，得到标准化矩阵$\boldsymbol{T}_{\mathrm{D}}^{\alpha}$和$\boldsymbol{T}_{\mathrm{C}}^{\alpha}$。

$$\boldsymbol{T}_{\mathrm{D}}^{\alpha}=\left[t_{\mathrm{D}}^{a_{ij}}\right]_{m\times m}=\begin{bmatrix} t_{\mathrm{D}}^{11}/d_1 & \cdots & t_{\mathrm{D}}^{1j}/d_1 & \cdots & t_{\mathrm{D}}^{1m}/d_1 \\ \vdots & & \vdots & & \vdots \\ t_{\mathrm{D}}^{i1}/d_i & \cdots & t_{\mathrm{D}}^{ij}/d_i & \cdots & t_{\mathrm{D}}^{im}/d_i \\ \vdots & & \vdots & & \vdots \\ t_{\mathrm{D}}^{m1}/d_m & \cdots & t_{\mathrm{D}}^{mj}/d_m & \cdots & t_{\mathrm{D}}^{mm}/d_m \end{bmatrix} \tag{5-4}$$

$$d_i=\sum\nolimits_{j=1}^{m} t_{\mathrm{D}}^{ij},\ i=1, 2, \cdots, m \tag{5-5}$$

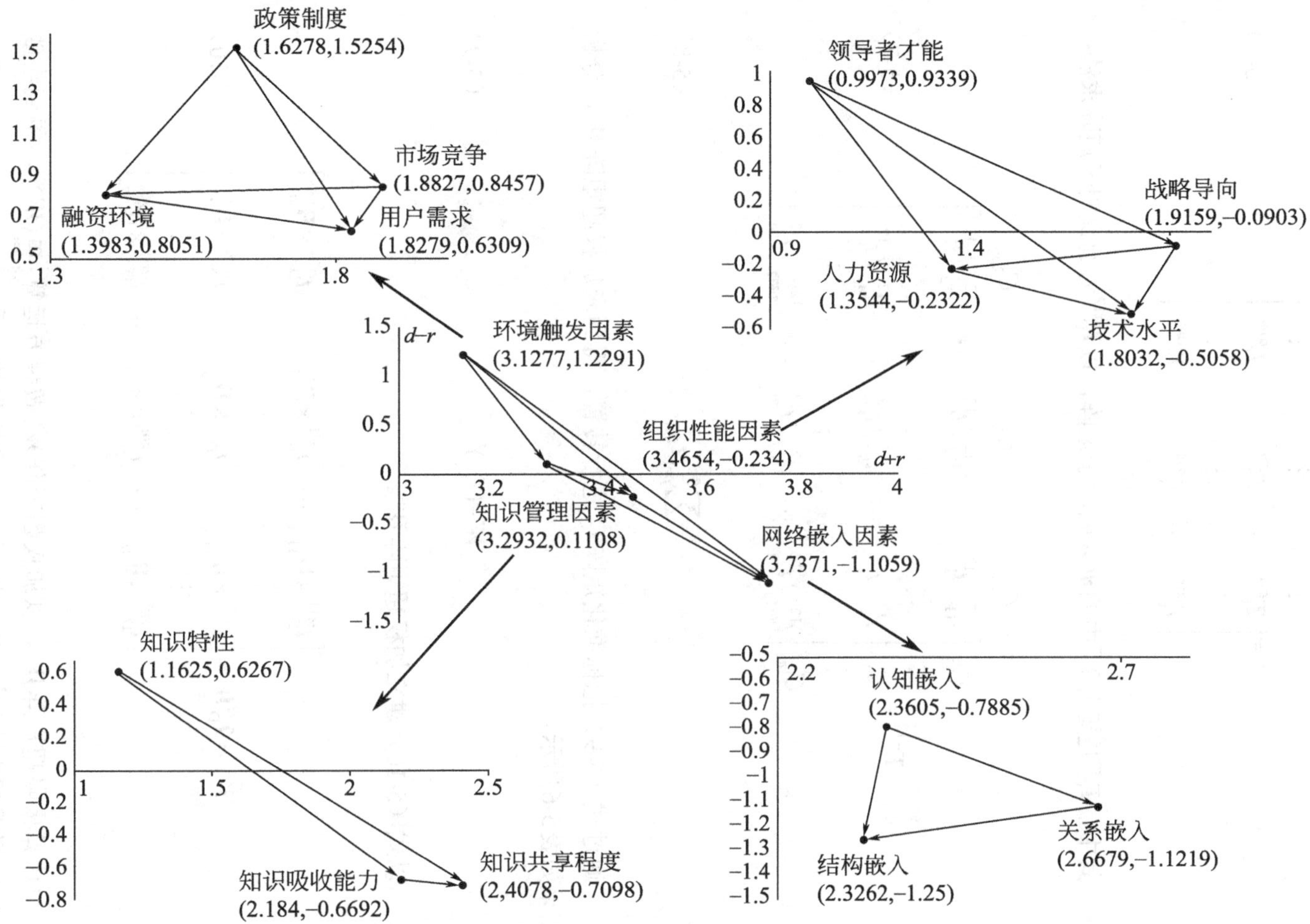

图 5-2 互联网企业产品创新指标体系中维度和因素层面的网络关系图

$$T_C^{\alpha}=\begin{bmatrix} T_C^{\alpha 11} & \cdots & T_C^{\alpha 1j} & \cdots & T_C^{\alpha 1m} \\ \vdots & & \vdots & & \vdots \\ T_C^{\alpha i1} & \cdots & T_C^{\alpha ij} & \cdots & T_C^{\alpha im} \\ \vdots & & \vdots & & \vdots \\ T_C^{\alpha m1} & \cdots & T_C^{\alpha mj} & \cdots & T_C^{\alpha mm} \end{bmatrix} \tag{5-6}$$

其中，$T_C^{\alpha ij}$是矩阵T_C^{α}中的$m_i \times m_j$阶子矩阵，以$T_C^{\alpha 12}$为例说明子矩阵求法：

$$T_C^{\alpha 12}=\begin{matrix} & C_{21} & \cdots & C_{2j} & \cdots & C_{2m_2} \\ \begin{matrix} C_{11} \\ \vdots \\ C_{1i} \\ \vdots \\ C_{1m_1} \end{matrix} & \left[\begin{matrix} t_{11}^{12}/t_1^{12} \\ \vdots \\ t_{i1}^{12}/t_i^{12} \\ \vdots \\ t_{m_1 1}^{12}/t_{m_1}^{12} \end{matrix}\right. & \begin{matrix} \cdots \\ \\ \cdots \\ \\ \cdots \end{matrix} & \begin{matrix} t_{1j}^{12}/t_1^{12} \\ \vdots \\ t_{ij}^{12}/t_i^{12} \\ \vdots \\ t_{m_1 j}^{12}/t_{m_1}^{12} \end{matrix} & \begin{matrix} \cdots \\ \\ \cdots \\ \\ \cdots \end{matrix} & \left.\begin{matrix} t_{1m_2}^{12}/t_1^{12} \\ \vdots \\ t_{im_2}^{12}/t_i^{12} \\ \vdots \\ t_{m_1 m_2}^{12}/t_{m_1}^{12} \end{matrix}\right] \end{matrix} \tag{5-7}$$

$$t_i^{12}=\sum_{j=1}^{m_2} t_{ij}^{12} \tag{5-8}$$

通过式（5-9）把标准化矩阵T_C^{α}进行转置，得到未加权超矩阵W_{ij}，分析结果如表5-6所示。

$$W=(T_C^{\alpha})' \tag{5-9}$$

以式（5-10）建立加权超矩阵W^{α}。

$$W^{\alpha}=T_D^{\alpha}W=\begin{bmatrix} t_D^{\alpha 11}\times W_{11} & \cdots & t_D^{\alpha 1i}\times W_{i1} & & t_D^{\alpha 1n}\times W_{n1} \\ \vdots & & \vdots & & \vdots \\ t_D^{\alpha j1}\times W_{1j} & \cdots & t_D^{\alpha ji}\times W_{ij} & \cdots & t_D^{\alpha jn}\times W_{nj} \\ \vdots & & \vdots & & \vdots \\ t_D^{\alpha n1}\times W_{1n} & \cdots & t_D^{\alpha ni}\times W_{in} & \cdots & t_D^{\alpha nn}\times W_{nn} \end{bmatrix} \tag{5-10}$$

计算极限超矩阵W^*。以加权超矩阵W^{α}做乘方运算$\lim_{h\to\infty}(W^{\alpha})^h$，得到收敛稳定的极限超矩阵$W^*$，进一步得到维度和因素的权重。

表 5-6 互联网企业产品创新未加权超矩阵 W_{ij}

序号	A1	A2	A3	B1	B2	B3	C1	C2	C3	C4	D1	D2	D3	D4
A1	0.150	0.296	0.312	0.324	0.266	0.285	0.384	0.407	0.394	0.379	0.325	0.444	0.319	0.375
A2	0.470	0.207	0.519	0.372	0.412	0.386	0.391	0.318	0.352	0.354	0.348	0.279	0.335	0.295
A3	0.380	0.497	0.169	0.304	0.322	0.329	0.225	0.275	0.254	0.267	0.327	0.277	0.346	0.330
B1	0.348	0.388	0.473	0.359	0.488	0.601	0.326	0.404	0.387	0.400	0.450	0.458	0.655	0.425
B2	0.116	0.057	0.078	0.094	0.026	0.089	0.107	0.089	0.100	0.091	0.133	0.087	0.052	0.095
B3	0.536	0.555	0.449	0.547	0.487	0.310	0.567	0.507	0.513	0.509	0.418	0.455	0.293	0.480
C1	0.116	0.058	0.074	0.057	0.066	0.096	0.009	0.034	0.064	0.028	0.031	0.062	0.012	0.039
C2	0.484	0.607	0.622	0.560	0.681	0.600	0.316	0.197	0.257	0.465	0.341	0.369	0.595	0.532
C3	0.120	0.119	0.091	0.109	0.073	0.091	0.365	0.089	0.072	0.379	0.106	0.121	0.046	0.068
C4	0.280	0.215	0.212	0.274	0.180	0.213	0.310	0.680	0.607	0.127	0.522	0.448	0.347	0.361
D1	0.223	0.182	0.150	0.065	0.098	0.104	0.335	0.227	0.325	0.277	0.082	0.322	0.174	0.549
D2	0.056	0.028	0.036	0.011	0.013	0.013	0.007	0.006	0.007	0.005	0.028	0.004	0.016	0.015
D3	0.473	0.531	0.566	0.813	0.708	0.730	0.195	0.390	0.291	0.374	0.527	0.238	0.318	0.348
D4	0.248	0.259	0.248	0.111	0.181	0.153	0.463	0.376	0.377	0.344	0.364	0.436	0.492	0.088

以式（5-10）建立加权超矩阵 $\boldsymbol{W}^{a}$，分析结果如表5-7所示。

表5-7 互联网企业产品创新加权超矩阵 $\boldsymbol{W}^{a}$

序号	A1	A2	A3	B1	B2	B3	C1	C2	C3	C4	D1	D2	D3	D4
A1	0.037	0.073	0.077	0.133	0.109	0.117	0.141	0.150	0.145	0.139	0.120	0.164	0.118	0.139
A2	0.115	0.051	0.127	0.153	0.170	0.159	0.144	0.117	0.129	0.130	0.129	0.104	0.124	0.109
A3	0.093	0.122	0.041	0.125	0.133	0.136	0.083	0.101	0.093	0.098	0.121	0.103	0.128	0.122
B1	0.091	0.102	0.124	0.057	0.078	0.096	0.072	0.089	0.085	0.088	0.137	0.140	0.200	0.130
B2	0.030	0.015	0.020	0.015	0.004	0.014	0.024	0.020	0.022	0.020	0.040	0.026	0.016	0.029
B3	0.141	0.145	0.118	0.088	0.078	0.050	0.125	0.112	0.113	0.112	0.127	0.139	0.089	0.146
C1	0.021	0.011	0.013	0.009	0.010	0.015	0.001	0.003	0.006	0.003	0.004	0.009	0.002	0.006
C2	0.088	0.110	0.113	0.088	0.107	0.094	0.030	0.019	0.025	0.045	0.049	0.053	0.086	0.077
C3	0.022	0.022	0.017	0.017	0.012	0.014	0.035	0.009	0.007	0.037	0.015	0.017	0.007	0.010
C4	0.051	0.039	0.039	0.043	0.028	0.033	0.030	0.065	0.058	0.012	0.075	0.065	0.050	0.052
D1	0.069	0.057	0.047	0.018	0.027	0.028	0.106	0.072	0.103	0.088	0.015	0.058	0.031	0.099
D2	0.017	0.009	0.011	0.003	0.004	0.004	0.002	0.002	0.002	0.002	0.005	0.001	0.003	0.003
D3	0.147	0.165	0.176	0.220	0.192	0.198	0.062	0.123	0.092	0.118	0.095	0.043	0.057	0.063
D4	0.077	0.081	0.077	0.030	0.049	0.041	0.146	0.119	0.119	0.109	0.065	0.078	0.089	0.016

根据加权超矩阵结果计算得出收敛稳定的极限超矩阵W^*，从而得出各因素权重结果如表5-8所示。互联网企业产品创新维度中，网络嵌入权重排名第一，组织性能居于第二，知识管理和环境触发分别位列第三、第四。互联网企业产品创新维度中，权重最大的因素为技术水平、关系嵌入、知识吸收能力、知识共享程度和认知嵌入。

表5-8 互联网企业产品创新评估权重结果

维度	整体权重	排序	影响因素	权重	排序
网络嵌入	0.338	1	结构嵌入	0.107	6
			关系嵌入	0.122	2
			认知嵌入	0.109	5
知识管理	0.243	3	知识吸收能力	0.113	3
			知识特性	0.020	11
			知识共享程度	0.110	4
环境触发	0.153	4	政策制度	0.009	13
			用户需求	0.082	7
			融资环境	0.016	12
			市场竞争	0.046	10
组织性能	0.267	2	人力资源	0.049	9
			领导者才能	0.006	14
			技术水平	0.141	1
			战略导向	0.071	8

3.结果分析

（1）因素间相互关系结果分析

实现互联网企业产品创新绩效提升是网络嵌入、知识管理、环境触发和组织性能四大方面共同作用的结果，四者相互联系密切。从原因度来看，维度的原因度排序为环境触发＞知识管理＞组织性能＞网络嵌入，其中环境触发和知识管理是原因因素，对组织性能和网络嵌入产生较大影响，是互联网企业产品创新绩效提升的最根本驱动因素；组织性能和网络嵌入是结果因素，是影响企业产品创新的最直接因素和重要媒介。从因素层面来看，原因因素（$d–r>0$）为知识特性、政策制度、用户需求、融资环境、市场竞争和领导者才能，其他为结果因素（$d–r<0$）。新兴的互联网企业主体与传统的企业在各方面都有区别，影响度的研究结果将促进互联网企业的经营、企业竞争力的增强和产品用户体验细节的改善。环境触发维度中的四个因素都是原因因素，表明政策制度、用户需求、融资环境和市场竞争都对企业的产品创新产生影响，同时对企业产品绩效的其他影响因素产生影响。在环境触发维度中，政策制度原因度最大，表明互联网企业的产品创新虽然只涉及产品这一部分内容，但国家的法律法规、政策导向和倾斜都对互联网企业的产品创新造成较大影响。知识管理维度中的知识特性是唯一的原因因素，由此可见知识的显性程度和隐性程度一定程度上决定了互联网企业内部的知识吸收能力和知识共享程度。组织性能维度中的领导者才能是原因因素，这表明在互联网企业内部，人力资源分配、技术水平情况和战略导向都受领导者才能影响，企业的领导者只有拥有独立创新的思想意识才能够领导企业实现高效率的产品创新。

从维度的中心度方面来看，网络嵌入和组织性能的中心度高于知识管理和环境触发。网络嵌入的中心度最高，是互联网企业产品创新绩效提升的核心影响因素，在产品创新绩效提升过程中起决定性作用。在因素层面，关系嵌入、知识共享程度、认知嵌入、结构嵌入、知识吸收能力的中心度都大于2，与其他影响因素相比中心度明显偏高，这表明在互联网企业产品创新过程中，与其他网络主体间的互动和合作是最重要的环节，其次是企业应通过提高知识吸收能力来有效提高合作主体间的知识共享能力。此外，互联网企业应制定明确的战略规划并与当下制度相结合，及时关注市场竞争情况，本着用户需求至上的原则，积极提高自身技术水平，优化人力资源分配，从而进一步促进产品创新。

（2）权重结果分析

从权重结果来看，影响互联网企业产品创新最重要的维度指标依次为网络嵌入、组织性能、知识管理和环境触发。互联网企业产品创新活动嵌入内外部社会网络关系中，网络中主体的互动合作对企业产品创新产生重要影响。组织内部的微观环境对产品创新绩效提升产生较大影响，企业内部的组织机能和运行能量在一定程度上比外部环境更为重要。在各因素层面中，组织性能维度中的技术水平、网络嵌入维度中的三个因素、知识管理维度中的知识吸收能力和知识共享程度，这6项指标权重明显高于其他因素，是影响互联网企业产品创新的关键因素。随着用户需求的多样化、高要求，满足用户需求的技术因素的重要性被逐渐凸显出来，成为企业产品创新最重要的因素。为实现用户画像和精准营销，人工智能、大数据等相关技术迅速发展，这对企业的人力资源水平提升提出了新的要求。互联网企业应加强技术团队建设、提高技术人员的占比，以及时应对和满足消费者需要。从关系嵌入角度来看，合作伙伴间的关系质量和关系强度会对产品创新产生不同影响，良好的互动互惠关系对不同类型的产品创新产生促进作用。社会网络的关系嵌入使网络主体间形成资源共享意识，实现深度交流和信息交换。因此，互联网企业应加强与合作伙伴间的交流，提高知识共享程度，提高内部的知识吸收能力，培养与合作企业的共同价值观和经营理念，提高自身的网络规模，发展具有异质性的合作伙伴，提高自身的网络中心性，以达到提升产品创新绩效的最终目的。

另外，权重结果与DEMATEL方法中心度的分析结果相符合，说明技术水平、网络嵌入维度中的三个因素、知识管理维度中的知识吸收能力和知识共享程度这几个因素是互联网企业产品创新过程中应重点关注的方面。结合维度、因素间网络关系图结果来看，这六个因素均受其他因素影响。因此，虽然这六个关键因素在互联网企业产品创新影响因素中占有很大权重，为提升产品创新绩效指明了方向，但要进一步促进互联网企业发展，还需加强原因度较高因素的管理水平。

三、我国互联网企业产品创新评估实践

PROMETHEE是由布兰斯等提出的一种多属性决策方法，能有效求解多目标决策问题，结合已有权重能够有效提高结果的准确性。本部分运用PROMETHEE方法，与德尔菲法（专家调查法）相结合，选取我国具有代表性的互联网企业进行实证分析。首先构建互联网企业产品创新评价模型指标体系，然后对决策者进行问卷调查，通过对决策者给出的偏好函数、评估指标和权重值进行综合计算，再计算出每一方案的流出量、流入量和净流量，最后根据优先序关系确定样本产品创新的完全排序。

（一）评估准备

为了对互联网企业产品创新进行进一步的实践评估，本部分选取我国三家具有代表性和影响力的互联网企业作为实践样本，运用科学的评估方法，遵循一定的研究步骤从多角度、多方面对这三家互联网企业的产品创新实践进行实证评估，本节的研究框架如图5-3所示。

M企业是电子商务公司，公司业务涉及金融、医疗、旅游等多个领域，其产品创新遵循“双向战略实现生态圈产业链协同”。M公司通过顾客视角、创新文化为生态圈构建提供有利条件，以电子商务为切入点，通过一体化战略的实施，扩展业务范围，对中小企业电子商务化的各环节实现全面布局和总体覆盖，实现在产业链高度集成的情况下的协同升级。

N企业是中国最大的互联网综合服务提供商之一，是国内公认的最具产品基因的互联网公司，为用户提供社交和内容服务。N企业产品创新遵循“基于用户、背靠老板的多主体互动开放式创新”策略，基于用户指将用户价值作为第一要务，重视用户的产品体验和使用数据，背靠老板指充分发挥领导者才能，在企业内部管理过程中，领导者担任着不可缺少的重要角色。“产品化”是N企业发展的基本思路，将发展的重点集中于产品，产品团队的开发、推广、宣传等资源相互独立，以实现产品闭环，达到量化产品的最终效果。

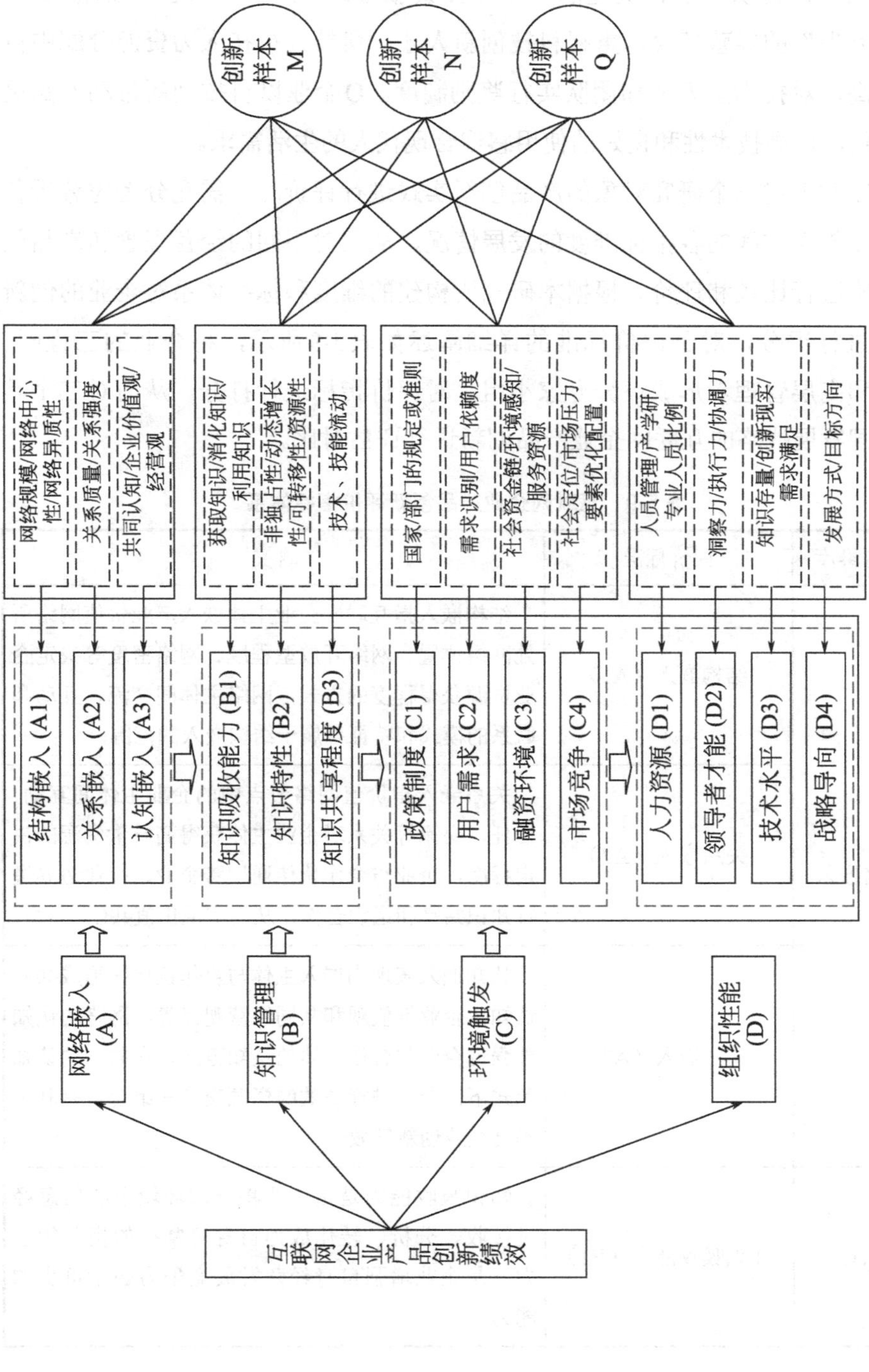

图 5-3　互联网企业产品创新实践评估研究框架

Q企业是全球最大的搜索引擎网站，同时是全球领先的人工智能公司，旨在为用户提供全面、快捷的科技和搜索服务。Q企业秉承着“创新进取、科技领先”的经营理念，重视科技创新人才，科技人员在人力资源分配中占比最高，对技术型人才和团队实行奖励制度。Q企业以科技创新带动产品更新换代，以高技术性和良好的使用感迎合现代人的生活需求。

在对上述三个研究对象的产品创新实践进行评价时，需充分考虑分析各种产品创新实践的各指标维度的发展情况，从而对不同的经营理念和产品创新战略进行比较和评价。根据本研究所构建的维度和标准体系对企业的创新实践进行评分，对于评价标准的详细阐述如表5-9所示，将企业的工程师、经理和高层管理者形成评分专家小组，对评价指标进行打分，从而对三个具有不同发展战略的互联网企业产品创新进行评估对比。

表5-9 互联网企业产品创新评价指标体系

评价维度	评价标准	含义
网络嵌入	结构嵌入（A1）	结构嵌入指互联网企业主体嵌入产业价值网络所处网络位置、网络开放型程度、网络密度等决定企业资源获得程度的方式，网络主体间交流、互动和联系的模式和特征都属于结构嵌入的范围
	关系嵌入（A2）	关系嵌入指价值网络节点中的企业主体间互动、信任、交流等关系对企业主体获得高质量资源的决定程度，企业与合作伙伴通过跨企业、行业边界进行知识共享和组织合作，从而实现价值共创
	认知嵌入（A3）	认知嵌入表现为嵌入主体与合作伙伴间形成共同认知、企业价值观和共同经营观点等，网络的认知性强调企业与合作主体的认知范式，在共同的认知范式下，企业进行高效的资源交换和组合，有利于提高企业创新绩效
知识管理	知识吸收能力（B1）	知识吸收能力是指企业将外部环境中的信息经过接收、分析、转化成为自身可掌控的资源的能力，是企业增强自身经营发展竞争力必不可少的能力

续表

评价维度	评价标准	含义
知识管理	知识特性（B2）	知识特性指知识所具有的性质，主要有非独占性（知识主体在拥有它的同时可以传递给其他知识主体）、动态增长性、可转移性、资源性、收益递增性（知识在生产、传播和使用过程中，不会因为使用太多而导致每个人分到的越少而产生任何的损耗）、积聚性（任何一项新知识的创造或者整合都是在吸纳原来相关知识的基础上实现的）
	知识共享程度（B3）	知识共享程度指技术或技能在不同组织部门或不同企业主体间的流动
环境触发	政策制度（C1）	指国家或有关部门为推进社会主体发展而推行的规定与准则
	用户需求（C2）	用户需求指的是用户与企业进行买卖活动沟通所要实现的目标，往往是企业必须为其实现的内容之一
	融资环境（C3）	融资环境指环境对企业资金筹集的行为与过程的影响情况
	市场竞争（C4）	市场竞争指在市场经济条件下，企业从各自的利益出发，为保证自身的利润并争夺客户所做出的一系列利己行为。通过竞争的方式，保留经营情况较好的企业，淘汰经营状况差的企业，从而实现市场结构优化
组织性能	人力资源（D1）	人力资源指一定时期内组织中的人所拥有的能够被企业所用，且对价值创造起贡献作用的教育、能力、技能、经验、体力等属性的总称
	领导者才能（D2）	领导者才能指企业的管理者从事领导活动的能力，包括市场洞察力、产品想象力、敏捷的思维能力等
	技术水平（D3）	企业技术能力是指企业为实现其经营目标所拥有的技术方面的资源，体现在人员、知识、硬件条件等方面，其本质是企业对相关知识资源的运用能力
	战略导向（D4）	企业的战略导向指企业为达到一定的发展目标所制定的策略和发展方式

（二）产品创新综合评价实证分析

偏好顺序结构评估法（preference ranking organization method for enrichment evaluation，PROMETHEE）是一种多准则决策方法，在1982年由布兰斯提出，并由布兰斯和文克对其进一步加以改进形成PROMETHEE Ⅱ，其原理是根据决策者打分或根据研究需要为每一属性选择或定义形成特定准则赋值的偏好函数，然后根据这些属性对目标实践进行比较，进而得到每一评价目标的选择顺序及流出量和流入量，然后计算各个实践的净流量，利用选择顺序确定方案的排序。马查里斯和贝尔纳迪尼指出，在分析过程中进行适当的加权有利于分析结果准确性的提高。因此，本节在前文运用DANP法获得权重的基础上，结合PROMETHEE法对目标实践进行排序，从而对三个具有不同发展蓝图的互联网企业产品创新进行评估对比。

首先，研究选取相关领域的资深学者，互联网企业运营经验丰富的高层管理者，以及科研机构的研究人员形成专家小组（共35人），运用德尔菲法获得专家小组对以上三个实践样本的产品创新初始评价，打分采用1～10的标准，1为程度最低，10为程度最高。专家小组成员对各个指标进行打分，得到三种创新活动的评分情况，获得专家初始评价矩阵（表5-10）。

表5-10 专家小组对各实践样本初始评分结果

评价标准	M企业	N企业	Q企业
A1	8.6	7.4	7.2
A2	8.4	8.0	8.1
A3	7.9	7.6	7.1
B1	8.4	8.3	8.6
B2	8.3	8.4	8.9
B3	8.7	7.9	7.5
C1	8.9	8.9	9.1
C2	9.3	9.1	9.2
C3	8.3	8.2	8.7
C4	7.1	7.6	8.4

续表

评价标准	M 企业	N 企业	Q 企业
D1	8.6	8.2	8.9
D2	8.9	9.2	8.6
D3	8.9	8.3	9.2
D4	9.1	8.7	8.8

在获得初始的专家评分矩阵之后，可以得出三种创新实践相互之间的偏好函数（x_i，x_k），即创新实践x_i优于创新实践x_k的偏好程度，主要遵循两个研究步骤：

步骤1：根据期望的水平计算每个指标的偏好函数。

考虑对集合X的T个评价目标用J个指标进行评价和综合排序。对象集$X_T=\{x_1, x_2, \cdots, x_t, \cdots\}$，$x_t$为第$t$个评价对象：标准集$Y_J=\{y_1, y_2, \cdots, y_j, \cdots\}$，$y_j$为第$j$个属性，则$y_{tj}$表示从第$j$个评价指标第$t$个评价对象所得的属性值。$W$为评价准则（属性）的权重，记为$W=\{W_1, W_2, \cdots, W_n\}$，且$\sum w=1$。

步骤2：基于期望水平计算多标准偏好指数。

对每一对方案，x_i，$x_k \in X$，当方案各属性的权重分别为w_j（j=1，2，…，m）时，定义其偏好指数为：

$$\prod(x_i, x_k)=\frac{\sum_{j=1}^{m} w_j P_j(x_i, x_k)}{\sum_{j=1}^{m} w_j} \tag{5-11}$$

这里$\prod$（x_i，x_k）表示基于所有属性考虑后，方案x_i优先于方案x_k。

通过步骤1、2得出三个产品创新实践样本相互之间的偏好指数，结果如表5-11所示。

表5-11 产品创新实践偏好指数

企业	M 企业	N 企业	Q 企业
M 企业	0	0.459	0.436
N 企业	0.027	0	0.124
Q 企业	0.159	0.279	0

接下来计算每个产品创新实践的流出量、流入量以及净流量。流出量表示本样本在多大程度上优于其他实践样本，流入量表示本样本在多大程度上比其他实践样本表现差。

$$\phi^{+}(x_i)=\sum\pi(x_i, x_k) \tag{5-12}$$

$$\phi^{-}(x_i)=\sum\pi(x_i, x_k) \tag{5-13}$$

$$\phi^{net}(x_i)=\phi^{+}(x_i)-\phi^{-}(x_i) \tag{5-14}$$

$\phi^{+}(x_i)$是实践样本方案x_i比其他实践样本表现更好的程度，即优先程度，$\phi^{-}(x_i)$是实践样本方案x_i比其他方案表现差的程度。因此当实践样本的流量值越大时，本实践方案越易于被采纳，反之则代表不易被采纳。产品创新实践流量值结果如表5-12所示。以创新实践N企业为例，N的流出量是0.151，表明了N优于其他实践样本方案的程度，而流入量为0.738，表明了N差于其他实践样本方案的程度，两者之间产生的净流量为–0.587。

表5-12 创新实践流量值

企业	流出量 $\phi^{+}(x_i)$	流入量 $\phi^{-}(x_i)$	净流量 $\phi^{net}(x_i)$
M 企业	0.895	0.186	0.709
N 企业	0.151	0.738	–0.587
Q 企业	0.438	0.560	–0.122

根据PROMETHEE Ⅰ方法，根据流入和流出量得到方案间对比的三种关系形式，即P（优于）、Ⅰ（等同于）和R（无法比较），具体判断准则如下：

$X_i\mathrm{P}_{\mathrm{I}}X_k$（方案$X_i$优于$X_k$）　当$X_i\mathrm{P}^{+}X_k$且$X_i\mathrm{P}^{-}X_k$；

或$X_i\mathrm{P}^{+}X_k$且$X_i\mathrm{I}^{-}X_k$；

或$X_i\mathrm{I}^{+}X_k$且$X_i\mathrm{P}^{-}X_k$；　（5-15）

$X_i\mathrm{I}_{\mathrm{I}}X_k$（方案$X_i$等价于$X_k$）　当$X_i\mathrm{I}^{+}X_k$且$X_i\mathrm{I}^{-}X_k$

$X_i\mathrm{R}_{\mathrm{I}}X_k$（方案$X_i$与$X_k$无法比较）　其他情况

运用PROMETHEE Ⅰ方法可以根据每一个产品创新实践样本的流入流出量对其进行等级排序，对于无法确定顺序的样本，则需要采取PROMETHEE Ⅱ方法对产品创新实践样本方案的净流量进行计算，再进行比较排序。

根据PROMETHEE Ⅱ方法计算每个产品创新实践的净流量，利用净流量$\phi^{net}(x)$对各个方法的优劣程度进行比较，净流量值越大的实践样本方案的运行效果越好，最终排序结果如图5-4所示。

$$X_i P_{\mathrm{II}} X_k \text{（方案}X_i\text{优于}X_k\text{）} \quad \text{当}\phi(x_i)>\phi(x_k) \tag{5-16}$$
$$X_i I_{\mathrm{II}} X_k \text{（方案}X_i\text{等价于}X_k\text{）} \quad \text{当}\phi(x_i)=\phi(x_k)$$

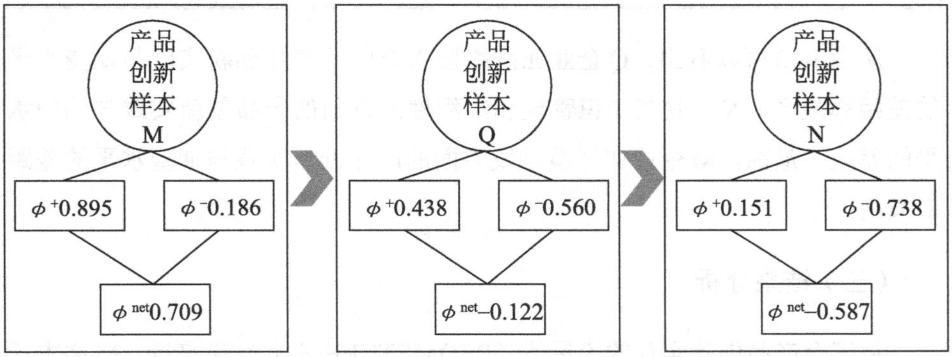

图5-4　PROMETHEE Ⅰ和PROMETHEE Ⅱ流程结果

在评价过程中可以计算出三个产品创新实践距离期望水平的差距率，结果如表5-13所示。

表5-13　三种产品创新实践与期望水平的差距率结果

参数	M企业/%	N企业/%	Q企业/%
网络嵌入（A）	17.000	23.333	25.333
结构嵌入（A1）	14.000	26.000	28.000
关系嵌入（A2）	16.000	20.000	19.000
认知嵌入（A3）	21.000	24.000	29.000
知识管理（B）	15.333	18.000	16.671
知识吸收能力（B1）	16.000	17.000	14.000
知识特性（B2）	17.000	16.000	11.000
知识共享程度（B3）	13.000	21.000	25.000
环境触发（C）	16.000	15.500	11.500
政策制度（C1）	11.000	11.000	9.000
用户需求（C2）	7.000	9.000	8.000
融资环境（C3）	17.000	18.000	13.000
市场竞争（C4）	29.000	24.000	16.000

续表

参数	M企业/%	N企业/%	Q企业/%
组织性能（D）	11.250	14.000	11.251
人力资源（D1）	14.000	18.000	11.000
领导者才能（D2）	11.000	8.000	14.000
技术水平（D3）	11.000	17.000	8.000
战略导向（D4）	9.000	13.000	12.000

从表5-13可以看出，Q企业在网络嵌入方面的产品创新实践与期望水平的差距率最高，N企业在知识管理和组织性能方面的产品创新实践与期望水平的差距率最高，M企业在环境触发方面的产品创新实践与期望水平的差距率最高。

（三）结果分析

从三个产品创新实践的流量值（PROMETHEE Ⅰ）结果来看，M样本的流出量最大，而流入量最小，这表明M公司的产品创新实践优于其他两个企业的幅度最大，在相同指标衡量之下的产品创新绩效最好。样本N的流入量最大，而流出量最小，这表明N企业的产品创新效果较其他两个企业较差。PROMETHEE Ⅰ方法得出的研究结论与净流量（PROMETHEE Ⅱ）结果相吻合，由图5-4也可看出，样本M的产品创新评估净流量大于样本Q大于样本N。

从三个产品创新实践与期望水平的差距率结果来看，首先对于M企业内部进行纵向分析，网络嵌入维度的产品创新绩效与期望水平的差距率最大，是企业发展需重点关注的环节。在网络嵌入维度中，认知嵌入与期望水平的差距率最高，表明该企业具有独立思想，与价值网络中其他主体缺少经营、企业文化等方面的认同感。组织性能维度的差距率最低，这表明M企业对组织内部的管理和运营效果较好，而人力资源因素是维度中差距率最高的因素，这表明M企业应关注人力资源方面的设定，制定科学的人员配比和人力资源管理制度，以进一步促进组织性能的提升。对于N企业内部进行纵向分析，N企业将用户价值作为发展的第一要务，企业领导者在企业运营和产品创新过程中起到不可替代的作用，这一点在产品创新实践与期望水平的差距率结果中得到印证，即N企业的领导者才能差距率是所有因素中最低的，这表明N企业充分发挥了领导者才能的作用，以促进企业的产品创新。从维度上来看，N企业的网络嵌入维度差距率最高，其中结构嵌入和认知嵌入的差距率是所有因素中最高的，这表明N企业在发展过程中忽略了与合作者的交互、协作作用，N企业应在今后的发展过程中扩大网络规模，提高自身的网络中心性，增强与其他网络主体间的异质程度，以最大限度地获取资源和产品创新优势。知识管理是限制N企业产品创新绩效提升的另一重要维度，产品创新实践与期望水平的差距率结果显示N企业的知识共享程度差距率为21%，这表明该企业的知识共享程度较差，企业应积极实现知识共享，促进显性、隐性知识在价值网络中的流动，以促进产品创新绩效提升。此外，市场竞争对于N企业的压力较大，提高捕捉用户需求的敏锐度，增强技术、完美的产品体验都有利于提高自身的企业竞争力。Q企业秉承着“创新进取、科技领先”的经营理念，重视科技创新人才，这一点在产品创新实践与期望水平的差距率结果中得以体现，技术水平的差距率为8%，表明Q企业的技术管理和技术水平较高。Q企业的网络嵌入依然是差距率最高的维度，其结构嵌入和认知嵌入同样是因素中最高，Q企业在未来的发展过程中与N企业一样，要注重价值网络的建设和合作伙伴的培养，提高知识共享程度，以提高产品创新绩效。

对三个产品创新实践样本进行横向比较，在三个企业中，Q企业的网络嵌入维度差距率最高，N企业在发展过程中应重点关注知识管理和组织性能，M企业应将重心放在环境触发维度。从结果来看，M企业的市场竞争压力最大，该企业应充分运用政策倾斜，拓宽融资渠道，准确抓住并满足用户需求，最终实现企业竞争力提升。

第六章

互联网企业产品创新机制与案例分析

一、扎根理论多案例研究法

（一）方法概述

本部分聚焦于互联网企业价值网络的演化路径和产品创新机制。已有文献对这方面的研究较为欠缺，这催生着新理论模型的构建。首先，以我国具有代表性的互联网企业的产品发展历程为情境，旨在提炼价值网络视角下产品创新要素，揭示互联网企业通过价值网络进行产品创新的演变路径和机制。该研究恰好可以分为两个子问题：① 互联网企业在价值网络视角下进行产品创新的要素是什么（what）？② 价值网络如何融入互联网企业产品创新过程中，其产品创新的演变过程是怎样的（how）？互联网企业处于发展的不同程度，创新网络会呈现不同的特点，且其变化是复杂动态的。扎根理论是以收集的数据资料为依托，由微观到宏观构建理论的一种实证研究方法，特别适用于对微观活动机制，以及行动和互动过程进行深入探索。其次，相比其他方法，扎根理论可以更有效地归纳、对比数据，寻求案例之间的相互印证和补充，从而提出更具信服力和可靠性的结论，使理论的提出更具准确性。最后，本部分将嵌套式多案例分析与扎根理论相结合，采用多案例“差别复制”的逻辑思想，选取某企业的12个典型产品创新事件，通过对同一目标企业的不同创新案例进行纵切面的跨案例对比，对概念和范畴进行补充，识别创新网络要素特征，对比关键要素变化，归纳要素间的归因和路径关系，运用阶段式建模归纳产品创新的价值网络演化历程。

扎根理论诞生于1967年，由学者巴尼·格拉泽和施特劳斯提出，格拉泽的古典扎根理论是通过编码和对比的方法得出初步结论。施特劳斯提出的三阶段分析法是通过开放性编码、主轴编码和选择性编码对资料进行逐步分析，将不同特性的内容标签化和隶属化，形成故事发展脉络，建立变量间的相互关系，并将变量串联起来构建理论模型。两种扎根理论方法相比较而言，三阶段分析法更适合对价值网络视角下互联网企业的产品创新进行研究，因为通过开放性编码，变量特征可以实现全面的隶属化，通过主轴编码中的典范模式，可以将由开放性编码得出的构念和范畴的因果关系联系起来并进行层次化分析，最后通过选择性编码对层次和隶属进行聚类，得出互联网企业创新网络路径机制模型。

扎根理论通过研究者不带假设的观察分析，对所获得的一手资料和二手资料进行逐级编码和归类，形成三级编码，并最终形成理论架构。这种传统的方法往往通过单一路径对案例进行全面研究，无法避免其他维度细节信息的缺失，难以充分利用信息、挖掘信息，做到对新理论的多维度呈现，这是质性分析的一大损失。基于此，本书选取具有创新性的扎根理论分析方法——多元化路径分析，对互联网企业价值网络视角下的产品创新机制进行研究，以达到对数据资料全面深入分析的目的。已有的多元化路径分析理论通过要素分析、过程分析和水平分析对收集到的资料信息进行深入挖掘。要素分析指根据变量的要素特征对资料单位进行归纳，形成“要素”角度下的理论模型，重在呈现目标变量的要素特征；过程分析指对事件发展不同环节中的状况进行呈现，对理论模型形成阶段化的分析，重在分析目标事件的发展变化；水平分析指对研究主体进行不同层次的划分，体现不同层次中变量的特征，重在鉴别目标变量的层次化特性。本书在已有文献的基础上加入主体分析，分析互联网企业在价值网络中参与产品创新各主体的活动机制，旨在丰富扎根理论的研究方法，建立更准确完整的产品创新机制模型。本部分的研究过程如图6-1所示。

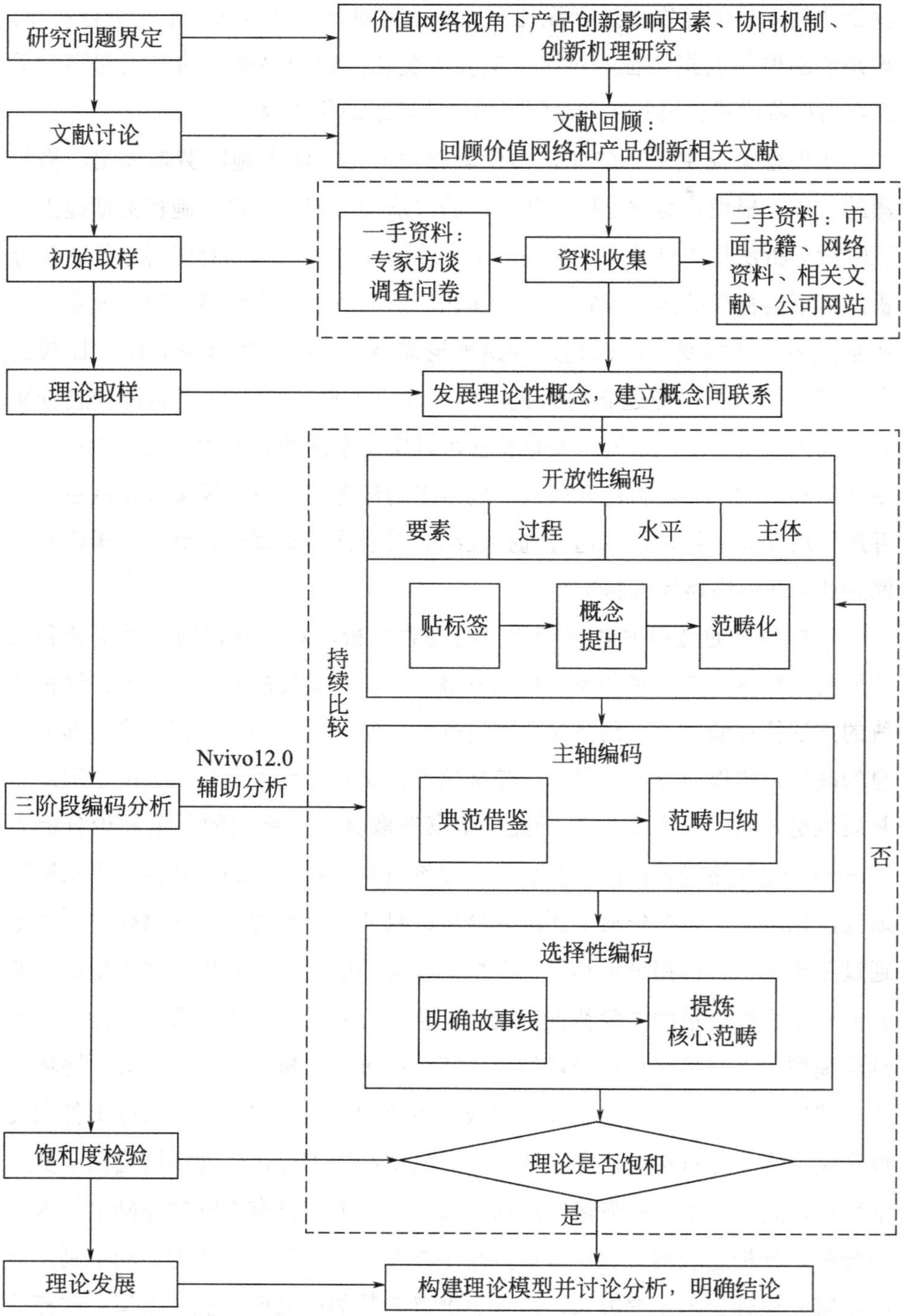

图 6-1　扎根理论多元化路径分析流程

（二）理论抽样原则下的案例选择

基于研究目的和研究问题的特性，本部分遵循扎根理论的基本原则——理论抽样原则，运用目的性抽样方法，抽取尽可能多的样本（为研究主题提供研究素材）。样本的选择对于研究结果具有重要的影响作用，基于本书研究主题，在考虑资料可获取性、案例典型性和范围覆盖性的情况下，设定了案例筛选的标准：① 企业在互联网行业具有代表性；② 企业在产品创新方面具有明显优势；③ 企业具有广泛的行业覆盖和时间跨度，成立时间较长；④ 具有丰富的文献和网络资料；⑤ 企业应具有多主体的价值网络特性。基于以上标准，本书选取国内具有代表性的某互联网企业作为研究对象，原因如下：首先，该企业是网络用户规模最大的企业之一，在建立互联网生态圈方面具有代表性；其次，该企业在互联网企业中的多个领域都崭露头角，在电子商务、社交、金融、科技、娱乐、物流等领域均有核心产品；最后，该企业与不同领域的开发者和供应商合作，业务形态符合价值网络的特点，且文献资料及相关网络报道丰富。综上，以该企业为例研究产品创新过程和创新网络演变。

（三）资料收集与整理

多源数据之间的三角验证能够确保所收集信息准确科学地反映研究内容，因此本部分采用该方法进行数据分析。考虑到一手数据访谈者、被访谈者等主观因素及问卷调查有效性的缺陷，本研究采用一手数据与客观性好的二手数据相结合的论证方法，从以下两个方面进行数据获取：① 一手资料，本部分采用专家访谈、实地调研、邮件问卷调查等方式获取一手资料，采用结构化和半结构化的方式对不同产品部门的员工进行访谈，调研14人次，访谈9人，并通过邮件向企业内部员工发放问卷，先后对4所高校电子商务和企业竞争力方面的11名专家进行访谈；② 二手资料。

在确保二手资料的准确性与可信度方面，遵循YIN提出的三个原则，即使用多种证据来源、建立案例研究资料库和形成一系列证据链。在研究过程中，所搜集的资料尽可能避免片面性或资料收集人员的主观性。资料收集的详细情况如表6-1所示。

表6-1 案例资料数据来源

数据来源	获取形式	获取方式	具体数据
一手资料	实地参观 调研走访 专家访谈	半结构化问题/个	8
		开放式访谈/分	963
		补充访谈/分	645
		高校专家访谈/分	373
	调查问卷	发放问卷/份	120
		有效问卷/份	98
二手资料	书籍①/千字		205
	书籍②/千字		218
	企业内和地方志档案数据/千字		165
	硕博论文、期刊/千字		201
	官方网站等网络资料/千字		132
	网络媒体、人物采访/千字		87
	官方微博、微信等公众平台/千字		92
	其他行业相关参考资料/千字		26

从表6-1可以看出，本部分研究的数据来源主要有实地参观、调研走访、专家访谈、调查问卷、相关书籍、档案数据、文献论文、网络资料等，数据来源渠道多样，有助于对企业产品创新进行全面分析。

二、案例数据分析

本部分遵循三阶段编码流程进行数据分析：首先进行开放性译码，将待处理资料进行标签化，初步提炼出范畴；然后进行主轴译码，分析范畴间的复杂关系并进行梳理归纳，进一步得出主范畴；最后进行选择性译码，以提炼故事线的逻辑，对主范畴进行凝练，得到最终指标。在资料分析过程中，采取前后对比、互相验证的方式进行范畴提炼，若出现范畴重复和理论不饱和的情况则及时返回上一过程进行确认和比对，以最大限度地保证译码的真实严谨。

（一）原始数据子案例划分

本研究遵循迭代非线性的原则进行数据分析，为了对公司产品发展过程进行整体性呈现，本部分将搜集的一手、二手数据根据产品创新的三个阶段进行划分，并将集团电子商务平台、金融和物流三个部分具有代表性的产品创新事件凝练成12个子案例，对每一个子案例进行文本描述和数据归类整理（见表6-2），表中T1 ～ T6、Z1 ～ Z5、C1表示集团典型产品创新事件子案例标号。

表6-2　集团典型产品创新事件概况

产品	子案例	年份	事件描述
电子商务平台	T1	2003	某网是最初的电子商务在线交易平台，以免费方式吸引众多中小企业和卖家加入平台
	T2	2004	2004年7月推出某软件，将即时聊天工具和网络购物相联系起来，实现买卖双方在线的实时沟通，提高了交易效率
	T3	2007	将电子商务与在线软件服务融为一体，为中小企业提供简便灵活的一站式在线软件工具；为广告位供需双方提供沟通平台，以强大的数据优势和数字营销技术建立广告联盟
	T4	2008	为消费者提供一个定位和风格更加清晰的消费平台
	T5	2011	为不同需求人群提供靠谱渠道，成为国内最大团购网站
	T6	2014	2014年2月为国内消费者直供海外原装进口商品

续表

产品	子案例	年份	事件描述
互联网金融平台	Z1	2004	2003 年 10 月，以“担保交易”的新模式推出互联网金融平台，使消费者对网上交易产生信任
	Z2	2011	为线下实体商户提供的一种快捷、安全的现场支付解决方案（条码支付）
	Z3	2013	2013 年 6 月，推出余额增值服务和活期资金管理服务产品，是互联网时代操作简便、低门槛、零手续费、可随取随用的现金管理工具
	Z4	2015	2015 年 1 月，以云计算、大数据技术为基础呈现个人信用状况，在各个领域为商户提供信用服务
	Z5	2017	推行小贷，贷款、票据贴现和资产转让业务在该产品中都得以运行
物流平台	C1	2013	为电子商务企业、物流公司、仓储企业、第三方物流服务商等各类企业提供平台服务

在选取的12个子案例中，从2003年至今，电子商务、互联网金融和物流三个领域的产品内容不断升级和完善，呈现跳板式创新发展。每一次产品创新的内容如图6-2所示。

（二）开放性译码

在正式编码工作开始之前，从所有资料中随机抽取10份资料进行预测试，依照科学的步骤进行三次编码，根据霍尔斯蒂的研究成果计算平均相互同意度和可信度，基本公式如式（6-1）、式（6-2）、式（6-3）。

分析者可信度计算公式：

$$R=\frac{n\overline{K}}{1+(n-1)\overline{K}} \tag{6-1}$$

分析者平均相互同意度：

$$\overline{K}=\frac{2\sum_{i=1}^{n}\sum_{j=1}^{n}K_{ij}}{n(n-1)} \tag{6-2}$$

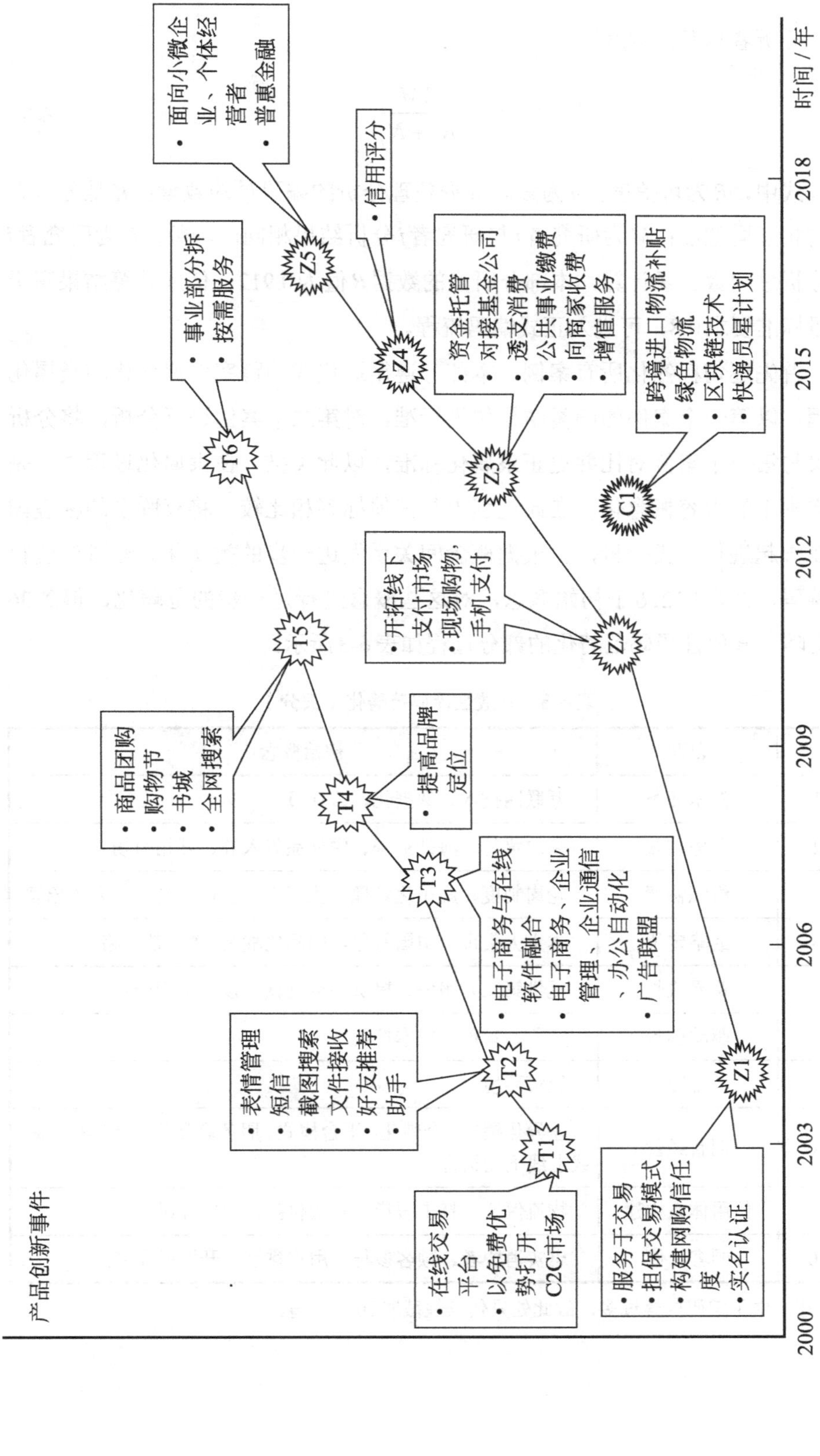

图 6-2　12 个产品创新子案例流程

分析者相互同意度：

$$K_{ij}=\frac{2M}{N_i+N_j} \tag{6-3}$$

式中，R为可信度；n为参与数据整理分析的编码员的数量；$\overline{K}$是分析者平均相互同意度；M为研究者i与研究者j分析结果相同的项数；N为研究者i的分析总项数。经计算，本部分研究的数据R值为0.912，信度计算结果高于一般标准要求0.8，可进入正式编码流程。

首先逐句标签化所有案例，本部分遵循迭代式的跨案例概念化和类属化过程。以第一个案例的归类结果作为标准，对第二个案例进行分析，将分析结果与第一个案例对比并更正隶属化标准，以此类推。在隶属化过程中，先将样本中的内容概念化，在此过程中与其他标签相比较，将有联系的标签归纳在一起进行聚类分析，再根据概念间关系做进一步的类属化。通过对资料的编码，共形成226个初始概念，对这些概念进行进一步的范畴化，得到36个范畴，开放性译码范畴化的部分过程如表6-3所示。

表6-3 开放性译码范畴化（部分）

编号	范畴	初始概念
1	技术变革	互联网技术、数据化、云计算
2	业务扩张	多边贸易、海外扩张、中外品牌入驻、开拓市场
3	组织协调	轮岗制度、扁平化管理、执行力、合伙人制度、人才招聘
4	战略定位	本土大集市、中国特色、国际化战略、“一带一路”
5	跨界成长	提供第三方服务、提供小额贷款、投资不同产业
6	驱动创新	竞争、管理、成本控制
7	环境变化	经济环境
8	创新经营	差异化销售、个性化、平台模式、服务商品化、无人机送货、线上线下相结合
9	信用体系构建	物流保证、打击假货、收货付款、信用评级
10	顾客价值	忠实消费者、顾客参与、用户黏性、开发潜在客户

注：由于编码内容过多，故此处只代表性截取10个范畴。

（三）主轴译码

主轴译码是开放性译码的延伸，旨在通过固定的范式模型对开放性译码步骤中得到的范畴间的逻辑关系进行梳理。本部分研究基于典范模型分析工具，对资料进行重新组合，疏通各个范畴间的逻辑关系。因果条件在此案例中指企业进行产品创新的原因，行动/互动指企业为了实现产品创新所做出的行动反应，结果指进行产品优化后的情景结果。经过典范模型分析，反复对比样本资料，归纳出从属于不同逻辑主线的6个副范畴，分别是技术驱动、平台模式、顾客价值、网络嵌入、资源整合和信任机制。主轴译码过程如表6-4所示。

表6-4　主范畴提炼过程

逻辑主线						副范畴	主范畴
因果条件	现象	脉络	中介条件	行动/互动	结果		
技术变革	信息革命	机会开发	驱动创新	学习融贯	模式创新	技术驱动	平台底层支撑
环境变化	效益下滑	企业规划	战略定位	商业模式	创新经营	平台模式	
供需失衡	经营低效	聚焦用户	商业模式	用户识别	顾客参与	顾客价值	用户价值开发
盈利机制	环节分散	服务升级	业务重组	信用评级	用户黏性	信任机制	
需求差异	价值匹配	资源整合	组织协调	互动合作	网络更迭	网络嵌入	创新网络实现
独立运营	知识流通	开放合作	跨界成长	协同创新	生态搭建	资源整合	

（四）选择性译码

选择性译码是在主轴译码过程的基础上，对已归纳出的主范畴进行进一步的聚合和提炼，得出核心范畴，并将所有范畴的逻辑以故事线的形式串联起来。通过对新资料的收集和对比验证，逐步完善范畴间的关系，这一过程旨在建立起概念翔实、层次完善的扎根理论。在选择性编码过程中，在结合原始资料再分析和归纳新搜集资料的基础上，对开放性译码阶段提炼的36个范畴进行互动比较，同时对主轴译码过程所归纳出的6个副范畴进行深入考察，进一步聚合出平台底层支撑、用户价值开发和创新网络实现三个主范畴，并凝练出“某企业产品创新路径”这一核心范畴，以此来涵盖其他所有概念、范畴、副范畴和主范畴。

（五）理论饱和度检验

本部分通过小组校核和专家咨询相结合的方法进行饱和度检验，利用补充收集的10份样本资料进行扎根理论饱和度检验，分组进行概念和范畴梳理，查验是否有补充或校正。同时结合理论抽样的办法对5名互联网企业、电子商务领域研究专家进行深度交流访谈，征询专家对形成的理论框架的意见和建议。经过对比分析发现，本部分凝练的范畴能够充分反映互联网企业产品创新过程，并未发现新的影响互联网企业产品创新的指标。可以得出结论，产品创新扎根理论模型在理论上已达到饱和。

三、典型互联网企业产品创新机制

价值网络视角下互联网企业的产品创新是一个动态变化的过程，深度挖掘互联网企业产品创新的内在机制是促进互联网企业生态化发展的重要步骤。本部分揭示了互联网企业产品创新的形成过程和内在传递机制，结果表明互联网企业产品创新由平台底层支撑、用户价值开发和价值网络实现三部分组成。

（一）互联网企业产品创新基础——平台底层支撑

平台底层支撑是互联网企业产品创新过程中的最基本条件。平台底层支撑主要依靠技术驱动和平台模式运行。互联网技术帮助企业相关管理者提出与传统经济思路全然不同的新业务模式。技术创新始终是该企业产品创新的主要内容。一方面，技术是客户价值提升的驱动力。为实现客户价值最大化，企业需要更了解消费者，精准识别消费者需求，为消费者提供最匹配其需求的内容，从而增加用户黏性，提高用户忠诚度，而先进的技术使企业可提供全面的服务。在企业充分运用互联网技术提供服务后，爆发性增长的用户需求差异化对企业提出更高的技术要求。另一方面，企业资源是企业进行业务拓展、有效提升竞争力的动力源泉。资源和能力是企业参与竞争的基本要素，技术作为企业资源和能力获取和整合的重要手段，已逐渐渗透到产业价值链的各个环节。从企业内部来看，技术应用有助于实现组织协调，提高组织内部资源流动性和利用效率；从企业外部来看，技术成为企业跨边界业务发展协同的重要基础，从而实现组织间协同和价值链重构。

（二）互联网企业产品创新主要路径——用户价值开发

用户价值开发依靠顾客价值实现和顾企之间诚信机制实现。随着时代发展，企业的经营理念逐渐转为以客户价值主张为中心。在互联网企业的发展过程中，产品同质化、信息不对称等问题的出现导致企业市场供需失衡、企业经营低效。企业本着用户至上的原则，突出了用户在互联网企业发展过程中的重要性，以用户为中心开展服务，加强用户识别能力，强化买卖主体在平台中的供需匹配，有效提高平台效应。在用户价值理论中，用户价值指一个服务消费主体为本企业提供的最终利润和直接成本的差值。用户对于消费品的使用和附加服务的需求凸显了用户价值的重要性，用户价值同时来源于企业主体全方位地满足用户需求的整体解决方案。因此，互联网企业应以客户价值为导向，为客户提供整体化的解决方案，提高客户附加值，以实现价值最大化。

（三）互联网企业产品创新核心环节——价值网络实现

价值网络实现是互联网企业产品创新的重要前提，资料分析表明，网络嵌入和生态搭建是搭建价值网络的重要手段。一方面，在产品发展过程中，消费者的需求差异逐渐扩大，企业所提供的服务与用户需求的匹配关系水平成为平台型企业发展的重要指标。另一方面，平台型的创新型商业模式对资源多样性提出要求，因此促进了企业的资源整合，使企业出现业务模块化的现象。价值匹配和资源整合这两方面都依托于顾企和企业间的互动合作，这就促使了互动网络的形成。随着互动对象的多元化和互动深度的增强，价值网络通过识别、组建、扩张、替代实现网络更迭。“嵌入性”理论认为，企业的发展与经营水平升级往往包含在它与外部组织建立的各种复杂关系联结中，并深受这些关系的影响。网络嵌入是对传统价值链的分解和集成，企业应积极构建包含客户、供应商、合作企业等相关主体的高效率价值网络。

（1）互联网企业产品创新要素耦合机制

经过前文的研究，得到互联网企业产品创新的六要素为技术驱动、平台模式、顾客价值、信任机制、网络嵌入和资源整合。从互联网产品产生的三个阶段（创新投入、创新应用、创新扩散）对产品创新六要素的作用机制进行研究，提炼出互联网企业产品创新机制动态演化模型，如图6-3所示。

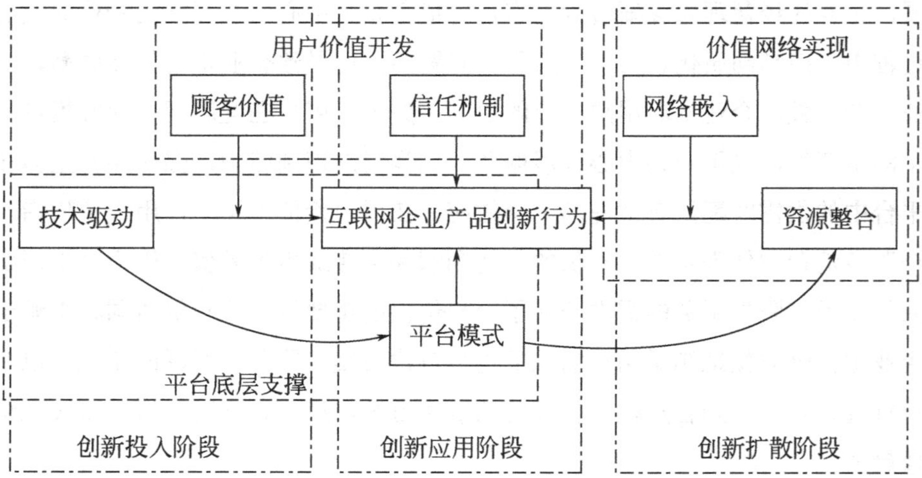

图6-3 互联网企业产品创新要素动态演化模型

创新投入阶段是产品创意产生的初级阶段，由于互联网技术驱动，电子商务平台模式产生。从创意来源角度来看，学习融贯和迭代改进是产品创意的两种来源路径。通过学习融贯的方式产生的创意即为移植创意，是通过模仿和学习竞争者产品或成功企业经验开发自己的产品，使产品初现雏形。迭代改进是产品创意的另一种来源，这种模式紧盯用户体验，以顾客价值为中心，以快速迭代的方式进行细微的产品改进和修正，通过迭代改进的方式产生的创意即为衍生创意和突破型创意。本研究将互联网企业创意投入阶段的相关机制进行总结，如图6-4所示。

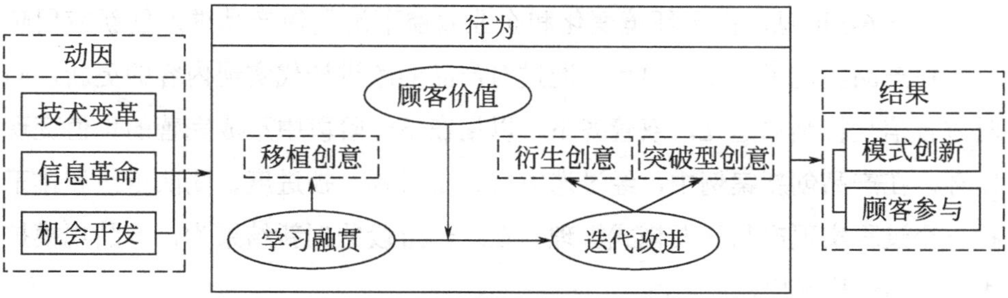

图 6-4　创新投入阶段产品创新要素演化机制

从图6-4可见，我们从“动因—行为—结果”逻辑对企业创意投入阶段的演化特点和机制展开分析。为了应对快速发展的市场形态，在产品开发的初级阶段，采用学习融贯的方式对成功企业进行学习和模仿是进入市场的最快途径。但这种方式不能使企业获取长久的竞争优势，企业需要聚焦用户需求，以提高用户体验为目的不断产生衍生创意，实现迭代式的应用创新，从而获得顾客参与黏性和后发竞争优势，并实现企业模式创新。

创新应用阶段指产品创意产生后，根据一定的开发模式将其输出为产品或服务的阶段。在此阶段中，企业针对消费者的不同需求对产品或服务进行改进迭代。创新应用阶段的产品形态主要体现在两点：一是产品规模不断扩大，二是产品结构不断复杂化。其演化路径主要受到商家和消费者的影响，由于此时网络规模小，未突破临界容量，因此网络外部性尚未产生。产品的演化主要受到平台和消费者的双重影响，在创新应用阶段，消费者可以被视为一个不断增长的外生变量，甚至可以简化为平台和商家吸引力的线性函数。互联网企业创新应用阶段的相关机制总结如图6-5所示。

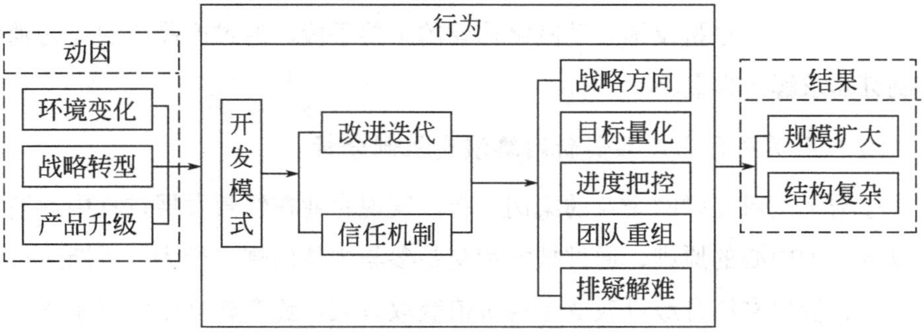

图 6-5　创新应用阶段产品创新要素演化机制

由图6-5可见，由于环境变化和企业效益下滑促使产品进入创新应用阶段，在产品实现了创意输出后，通过对产品的改进迭代实现内容的更新，同时进行信任机制的建立，双管齐下，以期在下一阶段中形成完善的价值变现闭环。在产品创新案例中，经过选方向、定目标、控进度、团队重组和排干扰五个过程实现产品开发模式管理。在这一阶段的创新结果为，产品规模扩大和产品结构优化。

创新性的产品在创新扩散阶段进入市场进行大范围的扩散传播，在此环节中，互动是创意扩散的关键因素。广泛的传播需要借助于产品或服务的呈现形式，通过不同主体间互动联结，使产品的协同创意得到变现。在此过程中，企业以用户为中心，通过用户价值实现产品的多层次、立体化、扩散型的产品创意协同效果。互联网企业创新扩散阶段互动网络相关机制总结如图6-6所示。

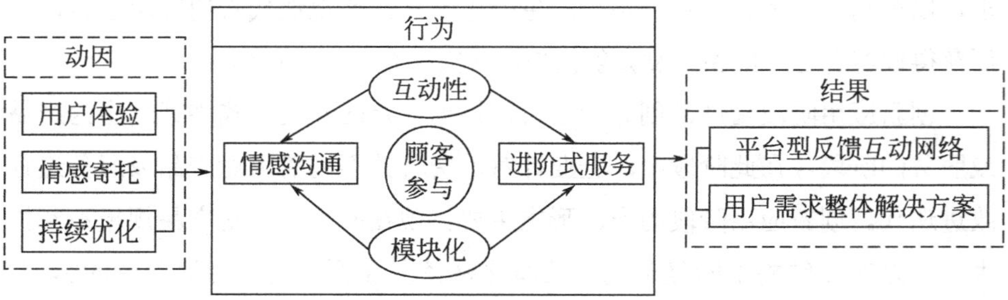

图6-6 创新扩散阶段产品创新要素演化机制

由图6-6可见，互联网企业本着以用户为中心的原则，增强用户对产品的情感寄托，以产品持续优化为目的进行产品创新扩散。互动性和模块化是这一阶段的核心，通过数据挖掘发现用户的需求和反馈成为为用户提供进阶式服务和实现平台型反馈互动网络构建的主要手段。通过产品模块化为消费者制订需求解决方案。

（2）互联网企业产品创新网络演变机制分析

根据上文对互联网企业的案例分析，发现企业在经营发展过程中逐渐树立以客户为中心的原则，通过技术和交易参与主体的耦合行为，不断进行资源整合、价值网络升级以改变企业价值获取方式，逐渐建立企业竞争优势和战略优势。企业价值网络演变过程如图6-7所示。

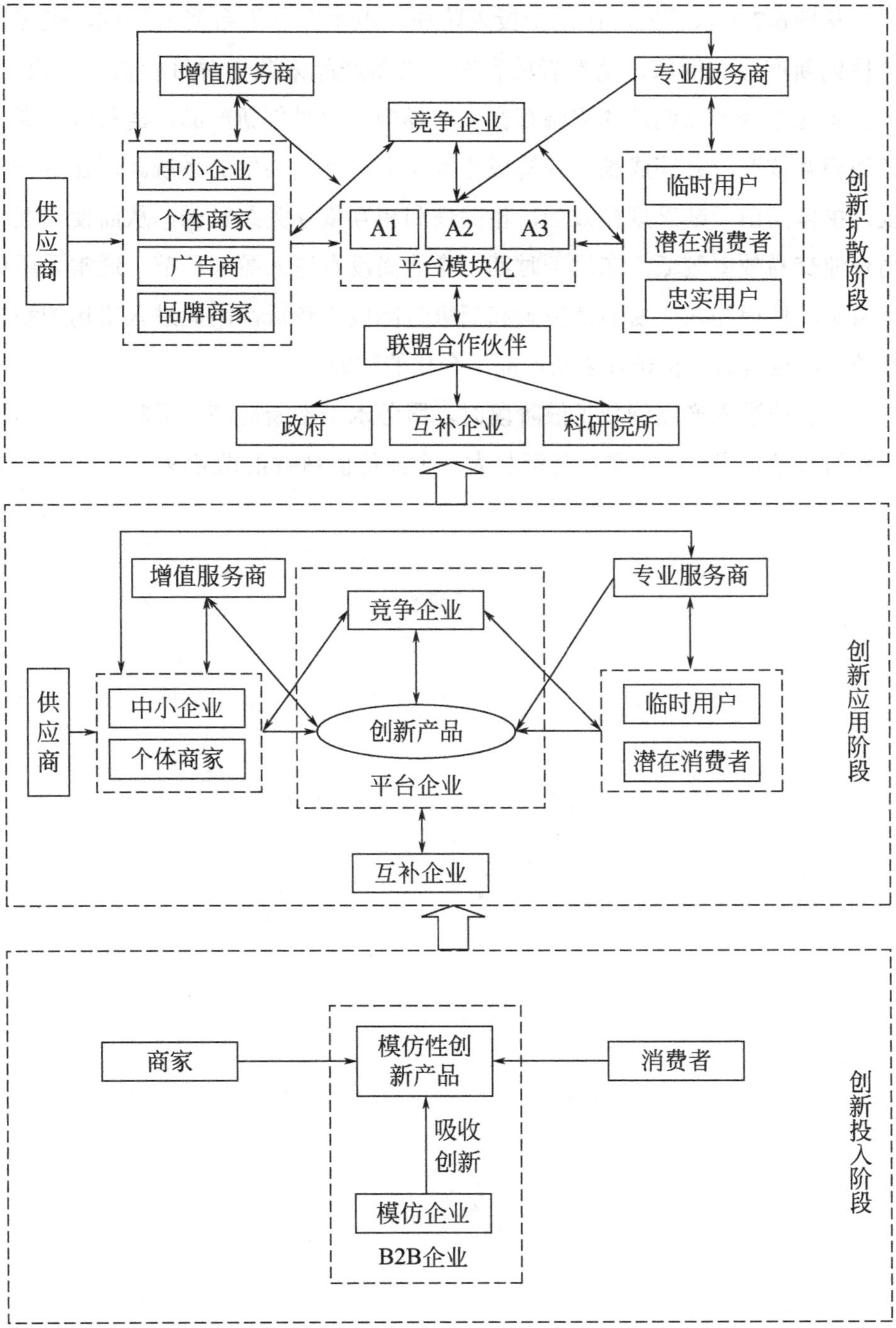

图 6-7　互联网企业产品创新网络演变机制

从图6-7可以看出，在创新投入阶段，电子商务平台尚未形成，仅有模仿性创新产品、商家、消费者的存在，创新产品来源于对目标企业的模仿，模仿企业作为产品创意的来源存在于市场中。此时创新产品、消费者、商家之间相互依存，共同成长，并构成相互平衡、互利共生的系统。但在这一阶段，主体间由于缺乏规模效应，相关性和相互依存关系较弱，从而使得互联网企业交易效率较低。在这一时期，企业尚没有进入盈利环节，通常采用免费策略，使得加入交易的消费者和商家边际成本较低，因此进入市场的积极性较高，这构成了模仿性创新产品平台化的动力。

当企业进入产品创新扩散阶段时，服务水平不断提高，进驻的商家和消费者的数量愈来愈多，平台逐渐壮大，企业价值网络正式形成。

第七章

互联网企业产品创新对策

通过第一章到第六章对本研究主题进行的详细阐述和论证，本书对价值网络背景下互联网企业产品创新的内在机制和作用机制进行深入研究，结合管理学、社会学、统计学的相关理论和知识，并结合定量研究和定性研究方法，以期促进并延续网络嵌入对企业产品创新绩效提升作用的相关研究，为互联网企业产品创新实践和创新管理提供新的思路。首先选取价值网络实现中的网络嵌入作为研究内容，构建了本研究的理论模型。网络嵌入通过共生影响企业产品创新，在这一过程中，知识吸收能力对产品创新的影响起调节作用。通过层次回归分析的定量研究方法，对本书所提出的假设进行检验和实证处理。然后，将DEMATEL、DANP和PROMETHEE方法相结合，构建产品创新评估模型并选取三家互联网企业进行实践评估。最后，通过对我国互联网企业的现实问题和经营状况进行深入考察，在相关理论基础和文献梳理的基础上，选取我国最具代表性和影响力的电子商务互联网企业为研究对象，采用扎根理论的定性研究方法，创新性地从产品创新要素、产品创新过程和价值网络形成水平三个角度探讨互联网企业产品创新的机制，并提出价值网络实现是产品创新过程的最终目标。本章就此次研究的主要结论进行总结，并就本研究的理论贡献和实际意义以及研究不足和未来研究方向进行简要概述。

本研究为互联网企业产品创新绩效提升和创新管理提供了新的思路。随着第四次工业革命的进行和大数据、云计算的发展，企业间的关系逐渐发生了由链式竞争到网式合作的变化，这一现象也与服务主导逻辑和服务生态系统理论所阐述的内容相吻合。通过借助新的技术手段，互联网企业能够有效加强彼此之间的联系与合作，迅速连接并融入外部价值网络，吸收网络主体间流动的各种资源，有效拓展融资渠道，从而推动企业产品创新，增强企业竞争力。

一、加强互联网企业网络嵌入能力

企业网络嵌入能力是新市场环境和竞争态势下寻求发展和效益增长的必备能力，通过价值网络嵌入实现的产品创新为互联网企业的创新活动提供新的切入点，企业应通过提高结构嵌入、关系嵌入和认知嵌入来全面提高互联网企业的网络嵌入能力。首先，企业主体应扩大自身所处的网络规模，增加网络中服务商、供应商、科研机构等合作主体的数量，最大限度地拓宽资源获取渠道，增强资源流动，实现合作者间知识流动和共享，实现双赢。其次，企业应提高自身名望和在网络中所处的地位，增强自身在网络中的话语权和控制权，将自身打造成知识源中心，使自身企业在网络资源配置中起主导作用的同时运用主导性开展产品创新活动。再次，增强网络内部的资源异质性，将具有一定知识距离和知识差异的合作者纳入价值网络，吸收与自身不同的优秀企业文化，从而实现产品创新灵感。然后，加强企业主体间互动、信任与交流，提高关系嵌入能力。最后，寻找自身与合作伙伴间的认同感，提高认知嵌入能力。

互联网企业主体的发展和经济环境的开放使得互联网企业日益呈现商业生态系统的成长状态，每个企业主体都可以通过资源整合、协同交互、创新产品、满足用户需求，在各自所处的网络位置中寻求动态发展。基于此，深度挖掘互联网企业产品创新的内在机制是促进该主体生态化发展的重要步骤，研究价值网络背景下网络嵌入对产品创新的影响机制是为互联网企业指导发展路径的重中之重。本书充分结合管理学、社会学、统计学的相关理论和方法，试图对网络嵌入对产品创新的影响路径和机制进行研究，探寻是否有其他的通道和桥梁对该作用过程产生影响。通过定性和定量的研究方法，对本书所提出的概念模型进行验证，并结合互联网企业的实际情况进行产品创新实践评估。

① 互联网企业产品创新的主要内容是平台底层支撑、用户价值开发和价值网络实现，其中价值网络实现是产品创新过程的核心环节。

平台底层支撑通过技术驱动和平台模式来实现，技术是客户价值提升的驱动力，更是企业资源和能力实现持续竞争优势的驱动力，以实现组织间协同和价值链重构。平台模式是互联网企业发展的核心模式，通过对平台的基础设施建设，达到吸引用户、提高用户口碑和扩大市场占有量的目的。用户价值开发依靠顾客价值实现和信任机制形成。互联网企业应以客户价值为导向，为客户提供整体化的解决方案，提高客户附加值，以实现价值最大化。信任是网络社会关系的基础，互联网企业只有建设信任桥梁，才能有效促进用户消费行为，增强用户黏性。网络嵌入和生态搭建是搭建价值网络的重要手段。网络嵌入是对传统价值链的分解和集成。企业创新生态圈通过整合创新主体和资源（组织主体应打破传统经济中狭隘的产业链概念），在动态变化的环境下实现主体间的多元合作、协同演进和互利共生，为企业发展提供全新的视角。

② 网络嵌入对互联网企业产品创新产生正向影响，通过改善结构嵌入、关系嵌入和认知嵌入促进互联网企业产品创新。

企业的结构嵌入能力强意味着企业所拥有的网络规模大，也就是网络中合作主体的数目多，这有利于企业主体的资源获取和融资渠道拓宽，为自身的产品创新创造有利环境。企业的结构嵌入能力强也意味着企业相较于其他企业处于价值网络的中心，知识流动更快，创新效率更高。企业的结构嵌入能力强还意味着企业的网络异质性更高，这使得主体更易获得互补性知识和技术，实现跨界成长。价值网络中关系嵌入能力强的企业与合作企业间的联结性更高，信任是关系质量的决定因素，合作伙伴间的良好信任有利于促进彼此的产品创新绩效提升。企业的关系嵌入能力强还意味着企业主体与合作伙伴间的交流合作频率更高，有利于合作者间信息传递和知识流动，从而促进企业产品创新。嵌入主体与合作伙伴间形成共同认知、企业价值观和共同经营观点有利于企业间进行高效的资源交换和组合，从而提高企业创新绩效。

二、积极推进互联网企业与合作伙伴的共生

互联网企业的产品创新呈现着从简单线性的技术推动型向系统集成与网络化演变的发展方向，企业的产品创新行为不仅仅表现为自主创新或合作创新，更深层次地发展为共生。互联网企业应不断增加共生单元的数量，不断寻找资源互补的合作伙伴，增强与相关主体的联系与沟通，减小共生单元间的知识传递和知识吸收阻力，从而提高协同共生效率。此外，互联网企业应不断开发新的共生模式，以信任作为共生的桥梁，积极实施内向型开放式创新和外向型开放性创新，将企业间单纯的竞争转变为在合作中竞争、在竞争中合作，转变经营合作理念，共同谋求发展并延长企业的生命周期。最后，互联网企业主体应优化共生环境，如设立专门的部门或岗位实现企业间的资源对接和知识流动，为企业间的协同共生提供良好的共生介质和条件。网络嵌入通过网络主体间的共生正向影响企业产品创新绩效提升，共生在网络嵌入与产品创新之间起部分中介作用。

价值网络规模决定着共生单元的数量，网络中共生单元的数量越多，与企业主体产生合作关系的伙伴就越多，共生基质就越丰富。网络中心性越高的企业拥有更优越的共生界面，即拥有更多的资源获取渠道和知识吸收能力，丰富的共生界面有利于企业在知识吸收和资源整合过程中占具优势，并占据主导地位，有利于制造更多共生能量，从而推动共生的发生。网络异质性能为企业间共生提供资源基础。企业通过关系嵌入进入网络组织有利于获取信息资源，关系越密切稳定，获取知识的机会就越大，越有利于企业与其他合作主体的共生，从而有利于企业创新活动的进行。在网络认知范式下，网络主体间合作代表着企业间拥有更多的认知规范和共同语言，使共生协调性更佳，有利于显性知识的有效传递，从而进一步促进企业产品创新绩效的提升。研究分析结果表明，共生在网络嵌入与产品创新之间起部分中介

作用，这表明共生并不是网络嵌入与产品创新间的唯一中介。网络嵌入中的结构嵌入对产品创新的直接影响作用占比75.47%，共生的中介作用占比24.56%；关系嵌入对产品创新的直接影响作用占比68.82%，共生的中介作用占比31.23%；认知嵌入对产品创新的直接影响作用占比74.57%，共生的中介作用占比25.43%。由此可见，在网络嵌入对产品创新的影响过程中，共生在关系嵌入的影响路径中所起的中介作用最大。

三、不断增强互联网企业的知识吸收能力，提高知识共享程度

本研究表明，知识吸收能力在网络嵌入对产品创新的影响关系中起调节作用，因此，互联网企业要想实现产品创新，还要重视知识吸收能力的作用。知识吸收能力有利于帮助企业持续获得经营优势，已成为企业发展不可缺少的资源之一，企业应从识别外部知识的能力、消化知识的能力和转换应用知识的能力三个层面来改善企业的知识吸收能力，实时更新知识储备，及时深化并拓展内部知识基础，提高现实吸收能力和潜在吸收能力，从而提高企业从网络位置中获取知识的质量和绩效。

① 知识吸收能力对企业网络嵌入与产品创新的关系起调节作用，即知识吸收能力影响网络结构嵌入、关系嵌入和认知嵌入对企业产品创新的促进作用。

结果表明高知识吸收能力在结构嵌入对产品创新的影响中所起的调节作用较小，即企业产品创新绩效提升受高知识吸收能力的影响是很弱的。当企业的知识吸收能力处于较强水平时，随着企业的网络关系嵌入增强，产品创新能力却呈下降趋势。当关系嵌入处于相同水平时，具有高知识吸收能力的企业其产品创新绩效要远高于低知识吸收能力的企业。当知识吸收能力较差时，企业组织的认知嵌入越差，其产品创新绩效越低，随着企业的认知嵌入增强，其产品创新能力将大幅提升，而高知识吸收能力在认知嵌入对产品创新的影响中所起的调节作用较小。

② 网络嵌入、知识管理、环境触发和组织性能是互联网企业产品创新评估的重要维度指标。影响互联网企业产品创新绩效最重要的维度指标依次为

网络嵌入、组织性能、知识管理和环境触发。

结构嵌入、关系嵌入、认知嵌入、知识吸收能力、知识特性、知识共享程度、政策制度、用户需求、融资环境、市场竞争、人力资源、领导者才能、技术水平和战略导向是互联网企业产品创新评估的重要因素指标。维度与因素指标间相互联系、互相作用，共同对互联网企业产品创新产生影响。从原因度结果来看，环境触发和知识管理是原因因素，对组织性能和网络嵌入产生较大影响，是互联网企业产品创新绩效提升的最根本驱动因素；组织性能和网络嵌入是结果因素，是影响企业产品创新绩效的最直接因素和重要媒介。从中心度结果来看，网络嵌入的中心度最高，是互联网企业产品创新绩效提升的核心影响因素，在产品创新绩效提升过程中起决定性作用。（从原因度结果来看，知识特性、政策制度、用户需求、融资环境、市场竞争和领导才能是原因因素，对互联网企业产品创新的其他因素产生重要影响。从中心度结果来看，关系嵌入、知识共享程度、认知嵌入、结构嵌入、知识吸收能力的中心度都大于2，与其他影响因素相比中心度明显偏高。）

组织内部的微观环境对产品创新绩效提升产生较大影响，企业内部的组织机能和运行能量在一定程度上比外部环境更为重要。从权重结果来看，在各因素层面中，技术水平、关系嵌入、知识吸收能力、知识共享程度，认知嵌入、结构嵌入这6项指标权重均大于0.1，明显高于其他因素，是影响互联网企业产品创新的最关键因素。

四、重视互联网企业内部的组织性能提升

本书通过对互联网企业产品创新实践的评估发现，企业内部的组织性能是继网络嵌入之后的另一占权重较大的维度。与网络嵌入不同，组织性能维度聚焦于企业内部，从战略、技术水平、人力资源等方面对企业整体前进方向产生影响。互联网企业与其他行业主体不同，其发展目标和模式多承载着企业领导者的意志，因此，互联网企业应充分发挥领导者才能，发挥高层管理者的领导作用，增强企业内部凝聚力，弘扬企业文化，制订符合企业发展前景的战略导向，优化人力资源结构，以事业部制等优良制度代替原有的管

理制度。由于互联网企业具有高技术特性，因此企业主体应提高自身技术水平，走在互联网技术运用的前沿，以技术优势实现产品创新绩效提升，获取企业竞争力。另外，本书采用DANP与PROMETHEE相结合的方法构建了互联网企业产品创新评估模型，该模型能有效反映互联网企业产品创新实践效果。

本研究基于网络嵌入与产品创新的关系和特点，创新性地将DANP和PROMETHEE方法相结合，建立了基于网络嵌入的互联网企业产品创新实践评估模型，并选取我国三家具有代表性的互联网企业进行实证评估。研究表明，DANP和PROMETHEE方法相结合的多准则决策方法能够科学合理地评估互联网企业产品创新实践，能在众多产品创新活动中选择最佳的实践方式。在对互联网企业的实证评估中，样本M的产品创新实践效果最好。无论是以用户价值还是技术作为发展的第一要务，网络嵌入和知识管理都是各个互联网企业需重点关注的环节，调整自身在价值网络中所处的位置、改善合作者间的关系、提高知识管理能力、增强知识共享程度都有利于企业主体的产品创新。

参考文献

[1] Lusch R F, Vargo S L. Service-dominant logic: A necessary step[J]. European Journal of Marketing, 2011, 45(7): 1298-1309.

[2] Yap M C, van Arem O, Bart. Crowding valuation in urban tram and bus transportation based on smart card data[J]. Transportmetrica A: Transport Science, 2020, 16(1): 23-42.

[3] Zhu H. One-Pump Phase Sensitive Fiber Optical Parametric Amplifier with Dual-Core Fiber[J]. Quantum Electron, 2020, 26(4): 26-45.

[4] Jaakkola E, Aarikka-Stenroos L. Customer referencing as business actor engagement behavior: Creating value in and beyond triadic settings[J]. Ind Mark Manag, 2019, 80: 27-42.

[5] Aliasghar O, Rose E L, Chetty S. Building absorptive capacity through firm openness in the context of a less-open country[J]. Ind Mark Manag, 2019, 83 : 81-93.

[6] Cenamor J, Parida V, Oghazi P, et al. Addressing dual embeddedness: The roles of absorptive capacity and appropriability mechanisms in subsidiary performance[J]. Ind Mark Manag, 2019, 78(2): 239-249.

[7] Schweisfurth T G, Raasch C. Absorptive capacity for need knowledge: Antecedents and effects for employee innovativeness[J]. Res Policy, 2018, 47(4): 687-699.

[8] Xie X, Zou H, Qi G. Knowledge absorptive capacity and innovation performance in high-tech companies: A multi-mediating analysis[J]. J Bus Res, 2018, 88(3): 289-297.

[9] Yan T, Yang Y, Dooley K, et al. Trading-off innovation novelty and information protection in supplier selection for a new product development project: Supplier ties as signals[J]. Journal of Operations Management, 2020, 28(4): 1-25.

[10] Uhlenbruck K, Meyer K E, Hitt M A. Organizational transformation in transition economies: Resource-based and organizational learning perspectives[J]. Journal of Management Studies, 2003, 40(2): 257-282.

[11] Cooper R G. The drivers of success in new-product development[J]. Ind Mark Manag, 2019, 76: 36-47.

[12] Linder M, Williander M. Circular Business Model Innovation: Inherent Uncertainties[J]. Bus Strateg Environ, 2017, 26(2): 182-196.

[13] Gemünden H G, Lehner P, Kock A. The project-oriented organization and its contribution to innovation[J]. Int J Proj Manag, 2018, 36(1): 147-160.

[14] Song M, Wang S. Market competition, green technology progress and comparative advantages in China[J]. Manag Decis, 2018, 56(1): 188-203.

[15] Lam-González Y E, León C J, de León Ledesma J. Assessing the effects of the climatic satisfaction on nautical tourists' on-site activities and expenditure decisions[J]. J Destin Mark Manag, 2019, 14(7): 14-33.

[16] Tanner S A, Mccarthy M B, O'Reilly S J. Digital labelling in the retail environment: a domain-specific innovativeness perspective[J]. Int J Retail Distrib Manag, 2019, 47(12): 1336-1352.

[17] Donate M J, Ruiz-Monterrubio E, de Pablo J D S, et al. Total quality management and high-performance work systems for social capital development: Effects on company innovation capabilities[J]. J Intellect Cap, 2019, 21(1): 87-114.

[18] Chang S, Zhang Z, Wang X, et al. Optimal acquisition and retention strategies in a duopoly model of competition[J]. Eur J Oper Res, 2020, 282(2): 677-695.

[19] 陈久美, 刘志迎. 基于产品生命周期的二元创新与商业模式动态匹配: 多案例比较研究[J]. 管理案例研究与评论, 2018, 11(6): 592-610.

[20] Tang M, Walsh G, Lerner D, et al. Green Innovation, Managerial Concern and Firm Performance: An Empirical Study[J]. Bus Strateg Environ, 2018, 27(1): 39-51.

[21] Bustinza O F, Gomes E, Vendrell-Herrero F, et al. Product-service innovation and performance: the role of collaborative partnerships and R&D intensity[J]. R D Manag, 2019, 49(1): 33-45.

[22] Zhang K, Wang J, Feng L, et al. The evolution mechanism of latecomer firms value network in disruptive innovation context: a case study of Haier Group[J]. Technol Anal Strateg Manag, 2019, 31(12): 1488-1500.

[23] Pousttchi K, Gleiss A. Surrounded by middlemen: how multisided platforms change the insurance industry[J]. Electron Mark, 2019, 29(4): 609-629.

[24] de Massis A, Audretsch D, Uhlaner L, et al. Innovation with Limited Resources: Management Lessons from the German Mittelstand[J]. J Prod Innov Manag, 2018, 35(1): 125-146.

[25] 钟根元, 张娴, 陈志洪. 负外部性条件下上下游企业产品创新及过程创新动态分析[J]. 系统管理学报, 2019, 28(3): 440-456.

[26] Sheng M L, Hartmann N N. Impact of subsidiaries' cross-border knowledge tacitness shared and social capital on MNCs' explorative and exploitative innovation capability[J]. J Int Manag, 2019, 25(4): 11-30.

[27] Duan Y, Cao G, Edwards J S. Understanding the impact of business analytics on innovation[J]. Eur. J. Oper. Res, 2020, 281(3): 673-686.

[28] Božič K, Dimovski V. Business intelligence and analytics use, innovation ambidexterity, and firm performance: A dynamic capabilities perspective[J]. J. Strateg. Inf. Syst, 2019, 28(4): 44-63.

[29] Jin Z, Navare J, Lynch R. The relationship between innovation culture and innovation outcomes: exploring the effects of sustainability orientation and firm size[J]. R D Manag, 2019, 49(4): 607-623.

[30] Shi X, Zhang Q, Zheng Z. The double-edged sword of external search in collaboration networks: embeddedness in knowledge networks as moderators[J]. Journal of Knowledge Management , 2019, 23(10): 2135-2160.

[31] 王婷, 吴剑琳, 张淑林, 等. 双向开放式创新如何提升新产品市场绩效: 基于资源基础理论[J]. 大连理工大学学报(社会科学版), 2020, 41(1): 47-55.

[32] 周平录, 邢小强. 中国式分权下的区域创新绩效研究: 基于资源获取与资源配置视角的分析[J]. 技术经济, 2019, 38(9): 97-137.

[33] Oygür I, Thompson J A A. Intra-organizational user-centred design practices: The impact of design research departments at design consultancies[J]. Creat Innov Manag, 2019, 7: 1-16.

[34] Song W, Yu H. Green Innovation Strategy and Green Innovation: The Roles of Green Creativity and Green Organizational Identity[J]. Corp Soc Responsib Environ Manag, 2018, 25(2): 135-150.

[35] Glaser V L, Krikorian Atkinson M, Fiss P C. Goal-Based Categorization: Dynamic Classification in the Display Advertising Industry[J]. Organ Stud, 2019, 10(5): 4-21.

[36] Wang F, Li Y, Sun J. The transformation effect of R&D subsidies on firm performance: An empirical study based on signal financing and innovation incentives[J]. Chinese Manag, 2019, 33(5): 66-87.

[37] Jun W, Ali W, Bhutto M Y, et al. Examining the determinants of green innovation adoption in SMEs: a PLS-SEM approach[J]. Eur J Innov Manag, 2019, 27(4): 101-120.

[38] 张菲菲, 张在旭, 马莹莹. 制造业绿色创新效率及增长趋势研究[J]. 技术经济与管理研究, 2020(6): 101-107.

[39] Beuren I M, de Souza G E, Bernd D C. Effects of budget system use on innovation performance[J]. Eur J Innov Manag, 2019, 10(22): 322-341.

[40] Cantó M, Frasquet M, Irene G S. Design orientation in new product development and its measurement[J]. Eur J Innov Manag, 2019, 5(32): 122-141.

[41] Bouncken R B, Fredrich V, Ritala P, et al. Coopetition in New Product Development Alliances: Advantages and Tensions for Incremental and Radical Innovation[J]. Br J Manag, 2018, 29(3): 391-410.

[42] Lee R, Lee J H, Garrett T C. Synergy effects of innovation on firm performance[J]. J Bus Res, 2019, 99(8): 507-515.

[43] Pi S, Cai W. Individual knowledge sharing behavior in dynamic virtual communities: the perspectives of network effects and status competition[J]. Front Bus Res China, 2017, 11(1).

[44] Li D, Huang M, Ren S, et al. Environmental Legitimacy, Green Innovation, and Corporate Carbon Disclosure: Evidence from CDP China 100[J]. J Bus Ethics, 2018, 150(4): 1089-1104.

[45] Levin D Z, Walter J. Before They Were Ties: Predicting the Value of Brand-New Connections[J]. J Manage, 45(7): 2861-2890.

[46] 迟春洁, 吴耀杰. 环境规制对工艺创新、产品创新影响的实证[J]. 管理决策, 2020, 2(2): 174-178.

[47] 许庆瑞, 李杨, 刘景江. 结合制造与服务逻辑发展企业创新能力: 基于海尔集团的纵向案例研究[J]. J. Chem. Inf. Model, 2020, 41(1): 35-47.

[48] 刘威. 出口产品密度对产业创新的影响: 基于中国出口贸易的经验数据[J]. 税务与经济, 2020, 53(9): 44-50.

[49] 黄牡丹. 互联网金融产品创新风险探析[J]. 人民论坛, 2020, 20(3): 84-85.

[50] 曾江洪, 刘诗绮, 李佳威. 多元驱动的绿色创新对企业经济绩效的影响研究[J]. 工业技术经济, 2020, 3(1): 13-22.

[51] de Silva M, Howells J, Meyer M. Innovation intermediaries and collaboration: Knowledge-based practices and internal value creation[J]. Res Policy, 2018, 47(1): 70-87.

[52] Messeni Petruzzelli A, Ardito L, Savino T. Maturity of knowledge inputs and innovation value: The moderating effect of firm age and size[J]J. Bus Res, 2018, 86(11): 190-201.

[53] Scuotto V, Santoro G, Bresciani S, et al. Shifting intra and inter-organizational innovation processes towards digital business: An empirical analysis of SMEs[J]. Creat Innov Manag, 2017, 26(3): 247-255.

[54] Savino T, Messeni Petruzzelli A, Albino V. Search and Recombination Process to Innovate: A Review of the Empirical Evidence and a Research Agenda[J]. Int J Manag Rev, 2017, 19(1).

[55] Evans S, et al. Business Model Innovation for Sustainability: Towards a Unified Perspective for Creation of Sustainable Business Models[J]. Bus Strateg Environ, 2017, 26(5): 597-608.

[56] 张楠, 徐良果, 戴泽伟, 等. 产品市场竞争、知识产权保护与企业创新投入[J]. 财经科学, 2019, 6(11): 54-66.

[57] 王舒阳, 魏泽龙, 宋茜, 等. 知识搜索与突破式创新: 产品创新策略的调节作用[J]. 科技进步与对策, 2020, 36(11): 137-145.

[58] 徐国军, 杨建君. 技术转移、新产品开发与企业绩效[J]. 科研管理, 2019, 40(11): 146-154.

[59] 李树文, 罗瑾琏, 梁阜. 研发企业内外部学习对组织创新的权变影响[J]. 科学学研究, 2019, 37(11): 2092-2101.

[60] 司月芳, 刘婉昕, 曹贤忠. 外部知识源异质性对企业工艺和产品创新绩效的影响研究[J]. 工业技术经济, 2019, 11(225): 77-85.

[61] Pao C Y, Wu H W, Lee H L. Project interface choice and knowledge creation: Evidence of international science cooperation in Taiwan[J]. Technovation, 2020, 89(3): 102-107.

[62] Zhang J, Liang G, Feng T, et al. Green innovation to respond to environmental regulation: How external knowledge adoption and green absorptive capacity matter?[J]. Bus Strateg Environ, 2020, 29(1): 39-53.

[63] Wang Y, Turkina E. Economic complexity, product space network and Quebec's global competitiveness[J]. Can J Adm Sci, 2019(8): 1-16.

[64] Zhang J, Du M. Appropriating value from industrial buyer-seller relationships by leveraging network capability[J]. Manag Decis, 2019, 57(11): 2911-2939.

[65] Dennissen M, Benschop Y, van den Brink M. Diversity Networks: Networking for Equality[J]. Br J Manag, 2019, 30(4): 966-980.

[66] 程立茹. 互联网经济下企业价值网络创新研究[J]. 中国工业经济, 2013, 9(9): 82-94.

[67] Kraus M, Feuerriegel S, Oztekin A. Deep learning in business analytics and operations research: Models, applications and managerial implications[J]. Eur J Oper, 2020, 281(3): 628-641.

[68] Perks H, Kowalkowski C, Witell L, et al. Network orchestration for value platform development[J]. Ind Mark Manag, 2017, 67(3): 106-121.

[69] Patrício L, de Pinho N F, Teixeira J G, et al. Service Design for Value Networks: Enabling Value Cocreation Interactions in Healthcare[J]. Serv Sci, 2018, 10(1): 76-97.

[70] Tóth Z, Peters L D, Pressey A, et al. Tension in a value co-creation context: A network case study[J]. Ind Mark Manag, 2018, 70: 34-45.

[71] Granados M L, Rivera A M. Assessing the value dimensions of social enterprise networks[J]. Int J Entrep Behav Res, 2018, 24(3): 734-754.

[72] Martinsuo M. Strategic Value at the Front End of a Radical Innovation Program[J]. Proj Manag J, 2019, 50(4): 431-446.

[73] Laursen M. Project Networks as Constellations for Value Creation[J]. Project Management Journal, 2018, 49(2): 56-70.

[74] Chadwick P H, McGowan I R. Determination of plutonium and uranium in mixed oxide fuels by sequential redox titration[J]. American Marketing Association, 1993, 57(1): 1-22.

[75] Blaschke M, Riss U, Haki K, et al. Design principles for digital value co-creation networks: a service-dominant logic perspective[J]. Electron Mark, 2019, 29(3): 443-472.

[76] Chen I J, Paetsch K A, Paulraj A. Quality manager involvement and quality performance[J]. Int J Oper Prod Manag, 1997, 17(4): 399-412.

[77] Iurkov V, Benito G R G. Domestic alliance networks and regional strategies of MNEs: A structural embeddedness perspective[J]. J Int Bus Stud, 2018, 49(8): 1033-1059.

[78] Perry-Smith J E. Social yet creative: The role of social relationships in facilitating individual creativity[J]. Acad Manag J, 2006, 49(1): 85-101.

[79] McIntyre D P, Srinivasan A. Networks, platforms, and strategy: emerging views and next steps[J]. Strateg Manag J, 2017, 38: 141-160.

[80] 吴晓云, 王建平. 网络位置、产品创新战略与创新绩效[J]. 经济与管理研究, 2020, 41(1): 131-144.

[81] 刘家明, 柳发根. 平台型创新: 概念、机理与挑战应对[J]. 中国流通经济, 2019, 33(10): 51-58.

[82] 冯立杰, 杜靖宇, 王金凤, 等. 颠覆式创新视角下后发企业价值网络演变路径[J]. 科学学研究, 2019, 37(1): 175-183.

[83] Leo E. Toward a Contingent Model of Mirroring Between Product and Organization: A Knowledge Management Perspective[J]. J Prod Innov Manag, 2020, 37(1): 97-117.

[84] Goel S, Anderson A, Hofman J, et al. The structural virality of online diffusion[J]. Manage Sci, 2016, 62(1): 180-196.

[85] Dangelico R M, Pujari D, Pontrandolfo P. Green Product Innovation in Manufacturing Firms: A Sustainability-Oriented Dynamic Capability Perspective[J]. Bus Strateg Environ, 2017, 26(4): 490-506.

[86] Manlio D G, Rosaria D P M. The impact of IT-based knowledge management systems on internal venturing and innovation: a structural equation modeling approach to corporate performance[J]. J Knowl Manag, 2016, 20(3): 484-498.

[87] Meister A D, Mauer R. Understanding refugee entrepreneurship incubation: an embeddedness perspective[J]. Int J Entrep Behav Res, 2019, 25(5): 1065-1092.

[88] Stoyanov S. Enabling Social Identity Interaction: Bulgarian Migrant Entrepreneurs Building Embeddedness into a Transnational Network[J]. Br J Manag, 2018, 29(2): 373-388.

[89] Knoben J, Gilsing V A, Krijkamp A R. From homophily through embeddedness to strategy: The role of network accuracy in partner selection choices[J]. Long Range Plann, 2019, 52(1) : 86-102.

[90] Singh R. Developing organisational embeddedness: employee personality and social networking[J]. Int J Hum Resour Manag, 2019, 30(16): 2445-2464.

[91] de Stefano M C, Montes-Sancho M J. Supply chain environmental R&D cooperation and product performance: Exploring the network dynamics of positional embeddedness[J]. J Purch Supply Manag, 2018, 24(4): 288-303.

[92] Stettiner C F, Okano M T, et al. Governance and upgrading in GVCs: Why does embeddedness matter[J]. Rev Bras Gest Negocios, 2019, 21(4): 740-759.

[93] Carnahan S, Agarwal R, Campbell B. The Effect of Firm Compensation Structures on the Mobility and Entrepreneurship of Extreme Performers[J]. Business, 2010, 1052(3): 1-43.

[94] Reitzig M, Sorenson O. Biases in the selection stage of bottom-up strategy formulation[J]. Strategy Management Journal, 2013, 34(7): 782-799.

[95] Gusmerotti N M, Testa F, Macellari M, et al. Corporate social responsibility embeddedness through a social network analysis: The case of an Italian multiutility company[J]. Corp Soc Responsib Environ Manag, 2019, (6): 1-15.

[96] Santangelo G D, Dellestrand H, Andersson U. Institutional antecedents of subsidiary external embeddedness: Coping with regulatory competitive constraints[J]. Long Range Plann, 2019, 52(4): 101-108.

[97] 侯仁勇, 严庆, 孙骞, 等. 双重网络嵌入与企业创新绩效: 结构视角的实证研究[J]. 科技进步与对策, 2019, 36(12): 98-104.

[98] 谢洪明, 施晓俊. 中国企业国际多元化与创新绩效: 区域市场化与高管海外背景的调节效应[J]. 科技与经济, 2019, 6(3): 26-30.

[99] 彭伟华, 侯仁勇. 双重网络嵌入与企业创新绩效: 结构视角的实证研究[J]. 科技进步与对策, 2019, 36(12): 98-104.

[100] 白景坤, 张贞贞, 薛刘洋. 互联网情境下基于平台的企业创新组织机制研究：以韩都衣舍为例[J]. 中国软科学, 2018(2): 181-192.

[101] Rachinger M, Rauter R, Müller C, et al. Digitalization and its influence on business model innovation[J]. J Manuf Technol Manag, 2019, 30(8): 1143-1160.

[102] Balle A R, Steffen M O, Curado C, et al. Interorganizational knowledge sharing in a science and technology park: the use of knowledge sharing mechanisms[J]. J Knowl Manag, 2019, 23(10): 2016-2038.

[103] 唐小飞, 张克一, 苏浩玄. 互联网虚拟品牌社区产品创新绩效研究[J]. 科研管理, 2019, 40(6): 215-224.

[104] Yang Y, Li Z, Su Y, et al. Customers as Co-creators: Antecedents of customer participation in online virtual communities[J]. Int J Environ Res Public Health, 2019, 26(24): 1-15.

[105] Xu Z, Li Y, Hao L. An empirical examination of UTAUT model and social network analysis[J]. Libr Hi Tech, 2019, 11(4): 44-63.

[106] Yin S, Li B, Zhang X, et al. How to improve the quality and speed of green new product development?[J]. Processes, 2019, 7(443) : 101-108.

[107] Krykavskyy Y, Pokhylchenko O, Hayvanovych N. Supply chain development drivers in industry 4.0 in Ukrainian enterprises[J]. Oeconomia Copernicana, 2019, 10(2): 273-290.

[108] Wang W, Cao Q, Qin L, et al. Uncertain environment, dynamic innovation capabilities and innovation strategies: A case study on Qihoo 360[J]. Comput Human Behav, 2019, 95(24): 284-294.

[109] 刘建刚, 马德清, 陈昌杰, 等. 基于扎根理论的“互联网+”商业模式创新路径研究: 以滴滴出行为例 [J]. 软科学, 2016, 30(7) : 30-34.

[110] 宋洋. 创新资源与高新技术企业研发投入: 基于资源基础理论的实证分析 [J]. 中国科技论坛, 2018, 11(4): 101-111.

[111] Teece D J. Business models, business strategy and innovation[J]. Long Range Plann, 2010, 43(2): 172-194.

[112] Nason R S, Wiklund J. An Assessment of Resource-Based Theorizing on Firm Growth and Suggestions for the Future[J]. J Manage, 2018, 44(1): 32-60.

[113] Bruning P F, Campion M A. A role-resource approach-avoidance model of job crafting: A multimethod integration and extension of job crafting theory[J]. Acad Manag J, 2018, 61(2): 499-522.

[114] Dubey R, Gunasekaran A, Childe S J, et al. Antecedents of Resilient Supply Chains: An Empirical Study[J]. IEEE Trans Eng Manag, 2019, 66(1): 8-19.

[115] Jeong I, Shin S J. High-Performance Work Practices and Organizational Creativity During Organizational Change: A Collective Learning Perspective[J]. J Manage, 2019, 45(3): 909-925.

[116] Grant R M. The Resource-Based Theory of Competitive Advantage: Implications for Strategy Formulation[J]. Calif Manage, 1991, 33(3): 114-135.

[117] Zhang J, Jiang H, Wu R, et al. Reconciling the Dilemma of Knowledge Sharing: A Network Pluralism Framework of Firms’ R&D Alliance Network and Innovation Performance[J]. J Manage, 2019, 45(7): 2635-2665.

[118] Weng C S. Structural embeddedness and position: evidences from affiliation of patent with technological classifications[J]. Technol Anal Strateg Manag, 2018, 30(10): 1148-1165.

[119] Raveendra C, Prashant K, Phanish P. Business groups in developing capital markets: Towards a complementarity perspective[J]. Strateg Manag J, 2015, 127(1): 12-13.

[120] Basole R C, Park H. Interfirm Collaboration and Firm Value in Software Ecosystems: Evidence from Cloud Computing[J]. IEEE Trans Eng Manag, 2019, 66(3): 368-380.

[121] Bruning P F, Alge B J, Lin H C. The embedding forces of network commitment: An examination of the psychological processes linking advice centrality and susceptibility to social influence[J]. Organ Behav Hum Decis Process, 2018, 148(3): 54-69.

[122] Graf H, Kalthaus M. International research networks: Determinants of country embeddedness[J]. Res Policy, 2018, 47(7): 1198-1214.

[123] Hitt M A, Xu K, Carnes C M. Resource based theory in operations management research[J]. J Oper Manag, 2016, 41(7): 77-94.

[124] Marra A, Carlei V, Baldassari C. Exploring networks of proximity for partner selection, firms' collaboration and knowledge exchange: The case of clean - tech industry[J]. Bus Strateg Environ, 2019(5): 1-11.

[125] Wagner M. Global governance in new public environmental management: An international and intertemporal comparison of voluntary standards' impacts[J]. Bus Strateg Environ, 2019(3): 1-18.

[126] Hsu G, Kovács B, Koçak Ö. Experientially diverse customers and organizational adaptation in changing demand landscapes: A study of US cannabis markets 2014—2016[J]. Strateg Manag J, 2019, 40(13): 2214-2241.

[127] Management P. Supply chains under resource pressure: Strategies for improving resource efficiency and competitive advantage[J]. International Journal of Operations and Production Management, 2019, 137(2): 1-51.

[128] Harris R, Le T. Absorptive capacity in New Zealand firms: Measurement and importance[J]. Public Policy, 2019, 46(2): 290-309.

[129] 庞娟, 靳书默. 外部网络关系对企业双元创新的影响: 基于知识视角的分析[J]. 科技管理研究, 2019(11): 23-27.

[130] Vasconcelos A C, Martins J T, Ellis D, et al. Absorptive capacity: A process and structure approach[J]. J Inf, 2019, 45(1): 68-83.

[131] Najafi-Tavani Z, Robson M, Zaefarian G, et al. Building subsidiary local responsiveness: When does the directionality of intrafirm knowledge transfers matter?[J]. J World Bus, 2018, 53(4): 475-492.

[132] Zhang X B, Lin C H, Chung K C, et al. Knowledge sharing and co-opetition: Turning absorptive capacity into effectiveness in consumer electronics industries[J]. Sustain, 2019, 11(17): 110-125.

[133] Shi F, Weaver D, Zhao Y, et al. Toward an ecological civilization: Mass comprehensive ecotourism indications among domestic visitors to a Chinese wetland protected area[J]. Tour Manag, 2019, 70(8): 59-68.

[134] Cheng J. Dynamic relationality toward congruence: a symbiotic solution to cross-cultural negotiations[J]. Int J Confl Manag, 2019, 30(5): 657-679.

[135] Zucchella A, Previtali P. Circular business models for sustainable development: A 'waste is food' restorative ecosystem[J]. Bus Strateg Environ, 2019, 28(2): 274-285.

[136] Rosca E, Möllering G, Rijal A, et al. Supply chain inclusion in base of the pyramid markets: A cluster analysis and implications for global supply chains[J]. Int J Phys Distrib Logist Manag, 2019, 49(5): 575-598.

[137] Daddi T, Ceglia D, Bianchi G, et al. Paradoxical tensions and corporate sustainability: A focus on circular economy business cases[J]. Corp Soc Responsib Environ Manag, 2019, 26(4): 770-780.

[138] Prieto-Sandoval V, Jaca C, Santos J, et al. Key strategies, resources, and capabilities for implementing circular economy in industrial small and medium enterprises[J]. Corp Soc Responsib Environ Manag, 2019, 26(6): 1473-1484.

[139] Wang S, Zhang J, Fan F, et al. The symbiosis of scientific and technological innovation efficiency and economic efficiency in China: an analysis based on data envelopment analysis and logistic model[J]. Technol Anal Strateg Manag, 2019, 31(1): 67-80.

[140] Bellini E, Piroli G, Pennacchio L. Collaborative know-how and trust in university-industry collaborations: empirical evidence from ICT firms[J]. J Technol Transf, 2019, 44(6): 1939-1963.

[141] Guo H, Tang J, Wei Z. How managerial ties impact opportunity discovery in a transition economy? Evidence from China[J]. Manag Decis, 2019, 58(2): 344-361.

[142] Ivanova A S, Holionko N G, Tverdushka T B, et al. The Strategic Management in Terms of an Enterprise's Technological Development[J]. J Compet, 2019, 11(4): 40-56.

[143] Kramolis J, Svirakova E. The Influence of Design on Companies' Increase in Income, Market Share or Brand Value[J]. J Compet, 2019, 11(4): 89-102.

[144] Arruda Filho E J M, Simões J D S, de Muylder C F. The low effect of perceived risk in the relation between hedonic values and purchase intention[J]. J Mark Manag, 2019, 1(12): 1-21.

[145] Hein A, Schreieck M, Wiesche M, et al. The emergence of native multi-sided platforms and their influence on incumbents[J]. Electron Mark, 2019, 29(4): 631-647.

[146] Friesike S, Flath C M, Wirth M, et al. Creativity and productivity in product design for additive manufacturing: Mechanisms and platform outcomes of remixing[J]. J Oper Manag, 2019, 65(8): 735-752.

[147] Li J, Chen L, Yi J, et al. Ecosystem-specific advantages in international digital commerce[J]. J Int Bus Stud, 2019, 50(9): 1448-1463.

[148] Martin-Rios C, Parga-Dans E, Pasamar S. Innovation strategies and complementarity between innovation activities: the case of commercial archaeological firms[J]. Serv Bus, 2019, 13(4): 695-713.

[149] Heij C V, Volberda H W, van den Bosch F A J, et al. How to leverage the impact of R&D on product innovation? The moderating effect of management innovation[J]. R D Manag, 2019, 23(16): 277-294.

[150] Choi J D, Park J H. The performance effect of two different dimensions of absorptive capacity and moderating role of holding-cash[J]. Technol Anal Strateg Manag, 2017, 29(9): 1033-1047.

[151] Khan Z, Lew Y K, Marinova S. Exploitative and exploratory innovations in emerging economies: The role of realized absorptive capacity and learning intent[J]. Int Bus, 2019, 28(3): 499-512.

[152] Kang M, Lee M J. Absorptive capacity, knowledge sharing, and innovative behaviour of R&D employees[J]. Technol Anal Strateg Manag, 2017, 29(2): 219-232.

[153] Flor M L, Cooper S Y, Oltra M J. External knowledge search, absorptive capacity and radical innovation in high-technology firms[J]. Eur Manag J, 2018, 36(2): 183-194.

[154] Sun Y, Wang X, Zhang Z, et al. How Do IT Users' Attributes Influence Innovative Use of IT: The Mediating Role of Individual Absorptive Capacity[J]. Access, 2019, 58(7): 718-733.

[155] Mo J, Park J, Im N, et al. Why internet service provider and content provider do not collaborate via monitoring of digital piracy[J]. Socioecon Plann, 2017, 60(3): 49-61.

[156] Sun J, Sabbaghi N, Ashton W. Green supply chain formation through by-product synergies[J]. Trans Eng Manag, 2017, 64(1): 70-82.

[157] Prieto-Sandoval V, Ormazabal M, Jaca C, et al. Key elements in assessing circular economy implementation in small and medium-sized enterprises[J]. Bus Strateg Environ, 2018, 27(8): 1525-1534.

[158] Cai L, Chen J, Peng X, et al. The effect of symbiosis strategy on opportunity creation: Case study of new ventures in China[J]. Int J Technol Manag, 2016, 72(1): 171-191.

[159] Toon M A, Morgan R E, Lindgreen A, et al. Processes and Integration in the Interaction of Purchasing and Marketing: Considering Synergy and Symbiosis[J]. Ind Mark Manag, 2016, 52(9): 74-81.

[160] Brueller N N, Carmeli A, Markman G D. Linking Merger and Acquisition Strategies to Postmerger Integration: A Configurational Perspective of Human Resource Management[J]. J Manage, 2018, 44(5): 1793-1818.

[161] Paquin R L, Busch T, Tilleman S G. Creating economic and environmental value through industrial symbiosis[J]. Long Range Plann, 2015, 48(2): 95-107.

[162] Jasimuddin S M, Zhang Z. Knowledge management strategy and organizational culture[J]. J Oper Res Soc, 2014, 65(10): 1490-1500.

[163] Li J, Young M N, Tang G. The development of entrepreneurship in Chinese communities: An organizational symbiosis perspective[J]. Asia Pacific J Manag, 2012, 29(2): 367-385.

[164] Broome B J. Negotiating the Nexus: Symbiotic Relationship of Theory and Practice in Conflict Management[J]. Negot Confl Manag Res, 2017, 10(4): 252-264.

[165] Sarma S, Sun S L. The genesis of fabless business model: Institutional entrepreneurs in an adaptive ecosystem[J]. Asia Pacific Journal of Management, 2017, 34(3): 112-131.

[166] Vernay A L, Boons F. Assessing Systems Integration: A Conceptual Framework and a Method[J]. Syst Res Behav, 2015, 32(1): 106-123.

[167] Terra L A A, Passador J L. Symbiotic Dynamic: The Strategic Problem from the Perspective of Complexity[J]. Syst Res Behav, 2016, 33(2): 235-248.

[168] Zaoual A R, Lecocq X. Orchestrating Circularity within Industrial Ecosystems: Lessons from Iconic Cases in Three Different Countries[J]. Calif Manage Rev, 2018, 60(3): 133-156.

[169] Akgün A E, Keskin H, Kocoglu I, et al. The Relationship Among Organizational Symbols, Firm Absorptive Capacity, and Product Innovativeness[J]. Eng Manag J, 2019, 31(3): 158-176.

[170] Bravo M I R, Stevenson M, Moreno A R, et al. Absorptive and desorptive capacity configurations in supply chains: An inverted U-shaped relationship[J]. Int J Prod Res, 2019, 754(3): 1-18.

[171] Xie X, Wang L, Zeng S. Inter-organizational knowledge acquisition and firms' radical innovation: A moderated mediation analysis[J]. J Bus Res, 2018, 90(3): 295-306.

[172] 秦鹏飞，申光龙，胡望斌，等. 知识吸收与集成能力双重调节下知识搜索对创新能力的影响效应研究[J]. 管理学报，2019, 16(2): 219-228.

[173] Martelo-Landroguez S, Navarro J G C, Cepeda-Carrión G. Uncontrolled counter-knowledge: its effects on knowledge management corridors[J]. Knowl Manag Res Pract, 2019, 17(2): 203-212.

[174] Biedenbach T, Marell A, Vanyushyn V. Industry-university collaboration and absorptive capacity: An empirical study in a Swedish context[J]. Int J Technol Manag, 2018, 76(1): 81-103.

[175] Popescu D I, Ceptureanu S I, Alexandru A, et al. Relationships between knowledge absorptive capacity, innovation performance and information technology case study: The Romanian creative industries SMEs[J]. Stud Informatics Control, 2019, 28(4): 463-475.

[176] Fong P S W, Men C, Luo J, et al. Knowledge hiding and team creativity: the contingent role of task interdependence[J]. Manag Decis, 2018, 56(2): 329-343.

[177] Baas L. Planning and uncovering industrial symbiosis: Comparing the Rotterdam and Östergötland regions[J]. Bus Strateg Environ, 2011, 20(7): 428-440.

[178] Zeng S X, Xie X M, Tam C M. Relationship between cooperation networks and innovation performance of SMEs[J]. Technovation, 2010, 30(3): 181-194.

[179] Donate M J, Ruiz-Monterrubio E, de Pablo J D S, et al. Total quality management and high-performance work systems for social capital development: Effects on company innovation capabilities[J]. J Intellect Cap, 2019, 21(1): 87-114.

[180] Jansen J J P, van den Bosch F A J, Volberda H W. Exploratory innovation, exploitative innovation, and performance: Effects of organizational antecedents and environmental moderators[J]. Management Science, 2006, 52(11): 1661-1674.

[181] Peppard J, Rylander A. From Value Chain to Value Network: Insights for Mobile Operators[J]. Eur Manag J, 2006, 24(2): 128-141.

[182] Helfen M, Schüßler E, Sydow J. How can employment relations in global value networks be managed towards social responsibility?[J]. Hum Relations, 2018, 71(12): 1640-1665.

[183] van den Heever T S, Venter E. The influence of networks and decision-making orientation on value creation in technology-based entrepreneurial businesses[J]. South African J Bus Manag, 2019, 50(1): 1-14.

[184] Brennan G, Tennant M. Sustainable value and trade-offs: Exploring situational logics and power relations in a UK brewery's malt supply network business model[J]. Bus Strateg Environ, 2018, 27(5): 621-630.

[185] Daskalaki M, Fotaki M, Sotiropoulou I. Performing Values Practices and Grassroots Organizing: The Case of Solidarity Economy Initiatives in Greece[J]. Organ Stud, 2019, 40(11): 1741-1765.

[186] Solaimani S, Heikkilä M, Bouwman H. Business Model Implementation within Networked Enterprises: A Case Study on a Finnish Pharmaceutical Project[J]. Eur Manag, 2018, 15(1): 79-96.

[187] Kumar P, Sharma A, Salo J. A bibliometric analysis of extended key account management literature[J]. Ind Mark Manag, 2019, 82(1): 276-292.

[188] Oliveira L, Fleury A, Fleury M T. Closing the gap between business networks and value chain analysis[J]. Rev Bras Gest Negocios, 2019, 21(4): 664-682.

[189] 陈佳莹, 林少疆. 企业创新网络关系特征对技术创新绩效的影响路径[J]. 统计与决策, 2014, 10(3): 186-188.

[190] Doménech T, Davies M. The role of Embeddedness in Industrial Symbiosis Networks: Phases in the Evolution of Industrial Symbiosis Networks[J]. Bus Strateg Environ, 2011, 20(5): 281-296.

[191] Bansal P, Mcknight B. Looking forward, pushing back and peering sideways: Analyzing the sustainability of industrial symbiosis[J]. J Supply Chain Manag, 2009, 45(4): 26-37.

[192] Rafique M, Hameed S, Agha M H. Impact of instrumental ties, tacit knowledge sharing and affective commitment on absorptive capacity: an empirical study of pharmaceutical companies[J]. Technol Anal Strateg Manag, 2019, 31(2): 125-139.

[193] Jasimuddin S M, Naqshbandi M M. Knowledge infrastructure capability, absorptive capacity and inbound open innovation: evidence from SMEs in France[J]. Prod Plan Control, 2019, 30(10): 893-906.

[194] Song M, Yang M X, Zeng K J, et al. Green Knowledge Sharing, Stakeholder Pressure, Absorptive Capacity, and Green Innovation: Evidence from Chinese Manufacturing Firms[J]. Bus Strateg Environ, 2020(11): 1-15.

[195] Distel A P. Unveiling the Microfoundations of Absorptive Capacity: A Study of Coleman's Bathtub Model[J]. J Manage, 2019, 45(5): 2014-2044.

[196] Manupati V K, Ramkumar M, Samanta D. A multi-criteria decision making approach for the urban renewal in Southern India[J]. Sustain Cities Soc, 2018, 42(3): 471-481.

[197] Lu M T, Hsu C C, Liou J J H, et al. A hybrid MCDM and sustainability-balanced scorecard model to establish sustainable performance evaluation for international airports[J]. J Air Transp Manag, 2018, 71(2): 9-19.